運命を生きる

闘病が開けた人生の扉

浅野 史郎

はじめに――ＡＴＬ発症 …… 2

第1章 史郎少年とエルヴィス …… 7
「こいづ、誰の何つう歌《うた》っしゃ？」／厚生省に入省できてよかった

第2章 障害福祉との出会いが人生を変えた …… 13
北海道庁で障害福祉の道へ／障害が重いほど、できることが毎日増えていく／神様はいるんだ――厚生省障害福祉課長に／敵は世の中の無関心、無理解――障害福祉の一戦士として／足下に泉あり――「斜め四五度上方指向」からの脱皮

第3章 運命と使命――知事、そして教授職に就く …… 29
宮城県知事選、出馬決断までの苦しい、つらい一週間／当選、そして「改革」の日々／知的障害者施設解体宣言／知事一二年間の使命（Mission）／転職ではなく「天職」――慶應義塾大学との出会い

第4章 戦いに必ず勝つぞ！ …… 40
闘病の始まり／Right Personsにより治療を受けられる幸運／抗がん剤治療へ／大失敗とさまざまな苦難／最大の決戦、骨髄移植へ／退院後に味わった人生最大の痛み／被災地へのメッセージ

第5章 病気が与えてくれたもの――「チャレンジド」の一人として …… 61
「さあ、これを撥《は》ね返してごらん」／村木厚子さん――「チャレンジド」同士の再会／支援者たち、そして妻の支えがあってこそ／ドナーと寄り添って、これからも生きていく／病気になって得たもの／ＡＴＬ研究がエイズ治療薬につながった／明日への助走は続く

岩波ブックレット No. 835

はじめに――ＡＴＬ発症

二〇〇九年五月二五日（月）、仙台の東北大学医学部附属病院で血液内科の張替秀郎教授からＡＴＬ（成人Ｔ細胞白血病）発症を告げられた。「検査結果の数値から見て、ＡＴＬ急性型が発症し、治療を始める時期になりました。完治のためには、骨髄移植しかありません」。

発病は、晴天の霹靂《へきれき》ではない。ＡＴＬ発症の原因となるＨＴＬＶ－１ウイルスに感染していることは、二〇〇五年にはわかっており、以来、東北大学病院血液内科の亀岡淳一先生のところで定期的に受診していた。「ウイルス感染者のうち、ＡＴＬが発症するのは五％程度、そのうち急性化するのは年間二％」と聞いていたので、「まさか、自分が罹ることはないだろう」と高をくくっていたところもある。だから、ＡＴＬ発症の告知は大きな衝撃であった。全身から力が抜けるというのは、こういうことだろう。ＡＴＬというのは、白血病の中でも、最も難治性が高く、治療法も確定していないことを知っていたから、「発症したら助からない」という恐怖感が全身を駆け抜けた。

なお、ＡＴＬについては、本書の第４章で詳しく説明するが、ここでは簡単にどういう病気か書いておこう。ＡＴＬは、ＨＴＬＶ－１ウイルスが白血球の中のＴ細胞をがん化することによって発症する。免疫担当細胞であるＴ細胞が、がん化することによって免疫不全を引き起こし、患者は死に至る。ＨＴＬＶ－１ウイルスは、主に母乳を介して感染する。ＨＴＬＶ－１ウイルス陽性でも、ほとんどはＡＴＬ発症には至らず、発症するのは感染者のうち五％程度である。潜伏期間は五〇年から六〇年と長い。

妻と一緒に病院近くの喫茶店に入って紅茶を飲んでいる時に、「この病気と闘うからな。絶対に負けない。どうか力を貸してくれ」という言葉が私の口をついて出た。自分で言ってみて、自分で納得した。悩んでも、迷っても、絶望しても、何も変わらない。ともかく、今の姿勢としては、病気と闘うしかない。そう考え、それを口に出したとたんに、ものごとがとても単純になって、勇気が湧いてきて、気持ちが楽になった。思い悩んで、めげていたのは、一時間だけ。「闘う」と決めたとたんに、その他の思いは雲散してしまった。そして、その姿勢は、闘病している間ずっと変わることがなかった。

「闘う」という姿勢は、宮城県仙台第二高等学校の同級生、仙台厚生病院院長の目黒泰一郎君からももたらされた。電話越しに発病を伝える私に、「浅野、これは戦いがいがある、そして、勝てる戦いだぞ」と言ってくれた。この言葉は、本当にうれしかった。うれしかっただけでなく、その後の入院・治療における精神的支えになってくれたと思っている。目黒君自身が心臓内科の日本有数の権威であり、その言葉には重みがある。

「闘うぞ」と言うことによって、病気への姿勢が守りではなく攻めになり、身内に力が湧いてくる。治療を「戦い」ととらえることによって、ゲーム感覚とまではいかないが、自分が主体的に治療に関わるという意識が出てくる。

これは精神的強さとは、ちょっと違う。「戦いだ」と宣言することで、病気に関する悪い情報に目を向けずにいられる。逆に言えば、ある種の逃げであり、むしろ臆病者だからこその態度で言い方で解説している。

入院治療が始まってすぐの頃、知人・友人に近況を報告する手紙の中で、このことを少し別なあることを認めざるを得ない。

今回の病気を、ひとつの大きな運命というか、神様（などを持ち出すのは大げさですが）から与えられた挑戦ととらえているからだと思います。これまでの私の人生がそうであったように、私は、「山のあなた」に幸せを求めるといったタイプではありません。運命や挑戦の契機は、向こうからやってきて、それがその時の私の目標になるといった感じです。今回のＡＴＬという病気がそうです。還暦を過ぎて、今更人生の目標なんて……と思っていた私に、いきなり、提示された新たな目標として、「この病気を乗り越えてみなさい」と言われたという受け止め方です。

なにか、選挙に似ています。宮城県知事選挙も、東京都知事選挙も、私の意志を超えた大きな意志によって、「やってみろ」と示されたようなイメージを持っています。ものすごく乱暴な言い方ですが、今回の病気も同じ。だったら、この戦い、勝つしかないではないか。勝つことに、自分のためだけでない、多くの人にとっての大きな意味があるのではないかということです。選挙のときと同じように、私が直接知らない人も含めた、大きな支援の輪があると実感できるということも、病を得て、改めて感じています。

「闘う」と宣言した時に、「必ず勝つ」と付け加えた。この言葉は、私の楽観論が言わせたのではない。決意表明でもない。あえて言えば、予言である。白血病患者である友人から「根拠なき成功への確信」という言葉を、最近、教えてもらったのだが、この言葉がぴったりあてはまる。「道を究める人には共通したことがある。それは第一に、どうしようもない苦難と挫折の経験である。そして、それでもその人には、根拠なき成功への確信がある」（『死にゆく者からの言葉』などの著書がある鈴木秀子の言葉。友人からの伝聞であり、鈴木の言葉そのままではない。同書は文藝春秋、一九九三年）。「根拠なき」というところがポイントであり、成功するかどうか、根拠などないのだが、「成功する」、「戦いに勝つ」と信じることである。そこから、闘う勇気が湧いてくる。

闘病中の私は、戦闘モードである。闘う相手がATLという手ごわい敵であるから、なおのこと、戦いに集中し、敵に勝つことだけを考えていた。戦いに集中していたので、いろいろ余計なことで心配したり、心を痛めたりすることから免れていた。心の平静を保ちつつ、病気との戦いに集中できたことが、治療上も効果があったのではないか。病気から回復した今、そう信じている。

病気の告知の直後に「病気と闘うぞ」と宣言し、闘病中も闘う姿勢を持ち続けたのはなぜだろう。それは、病気に襲われたことを避けがたい運命と受け止め、自分の中で受容し、運命と寄り添いながら生きていくしかないと思ったからである。病気と闘うことは、運命に抗することではない。発病を運命として受け止め、その運命の中では病気と闘うことこそ素直な生き方だと理解したから、闘うシナリオがすんなりと描けたのである。

運命を運命として、そっくり受け止める、それが私の生き方なのだが、どうしてそんなことになるのか、これまでの人生を振り返ることで、その答が得られるような気がする。「行き当たりばったりの人生」と呼ぶのがぴったりの、これまでの私の人生航路をたどってみよう。

第1章　史郎少年とエルヴィス

「こいづ、誰の何つう歌《うだ》っしゃ?」

運命とは、人生の中での出会いのことでもある。人との出会いだけでなく、ものごととの出会いもある。そして、その出会いは、その後の人生を決める。そこまで言わずとも、出会った人との関係は一生続き、出会ったものごとの影響は、死ぬまで残る。

「運命的な」という形容詞をつけて表現すべき出会いの最初は、エルヴィス・プレスリーである。仙台市立第二中学校の三年生、一四歳の史郎少年は、毎月一枚だけのレコードを買いに、自転車で一番町の三立《さんりつ》楽器店にでかけた。店内で、今月は何のレコードを買おうかと物色している私の耳に、軽快なテンポに乗った力強い歌声が聴こえてきた。今まで聴いたことのない素敵な歌に、魂が揺すぶられた。

5歳ごろの史郎少年
（以下，写真は著者提供）

「こいづ、誰の何つう歌《うだ》っしゃ?」と店員に尋ねたら、「こいづは、エルヴィス・プレスリーの『夢の渚』っていうのっしゃ」と返ってきた。早速「このレコードけさい」と言ったが、買えなかった。「夢の渚」(Follow that Dream)は同名の映画の主題歌で、レコードは四曲入りのEP盤である。ドーナッツ盤を買うつもりで三五〇円を握りしめてやってきた私には、四〇〇円のEP盤は買えない。翌月、やっと手に入れた「夢の渚」は、私にとって、最初のエルヴィス・プレスリーのレコード。ここから、熱狂的なエルヴィス・ファンになるのに時間はかからなかった。

それまでも、エルヴィス・プレスリーの名前は知っていた。なんだか、足をくねくねして歌う気持ちの悪い歌手らしい。食わず嫌いだった。「夢の渚」から時代を遡って、エルヴィスのレコードを一枚、一枚買い集めた。「ハートブレーク・ホテル」、「ラブミー・テンダー」、「ハウンド・ドッグ」、「冷たくしないで」、「アイ・ニード・ユア・ラブ・トゥナイト」、「思い出の指輪」、「GIブルース」……。レコードが擦り減るぐらい毎日聴いた。

一四歳で出会ったエルヴィス・プレスリーは、今に至るまで、私の人生の中で大きな位置を占めている。厚生省(現・厚生労働省)に入省して、人事院の在外研修生に応募したのも、エルヴィスを生み育てたアメリカに行ってみたいということが動機の一つである。アメリカのイリノイ大学大学院での留学経験は、その後の在米日本大使館勤務につながっている。これも、エルヴィスのお導きと言っていいだろう。

宮城県知事時代、地元仙台のコミュニティFM「ラジオ3」で、毎週水曜日、「シローと夢トーク」という番組のDJをやっていた。「エルヴィス・プレスリーの曲しかかけない、エルヴィス・プレスリーの曲の話しかしない」という世にも稀な番組である。七年間、三〇〇回以上続けたが、多忙な知事業の中で、唯一ほっとする楽しい時間であった。

二〇〇〇年の八月、エルヴィスの墓参りで、米国テネシー州メンフィスに行った。一九七七年八月一六日、エルヴィスが四二歳の若さで亡くなったのは、メンフィスのグレースランドと呼ばれる自宅である。そのグレースランドの近くの「ハートブレークホテル」に六泊し、毎朝、お墓の前で瞑想していた。この時のツアーで一緒だったエルヴィス・ファンとは、今でも、「メンフィス同窓会」をしている。

病気になる前からのことだが、エルヴィスが天国で待っていてくれると思うことで、死ぬことがその分だけ怖くなくなった。エルヴィス・プレスリーとの出会いがなかったら、私の人生はもっとつまらないものになったことだろう。

厚生省に入省できてよかった

高校生の頃、両親に「史郎は、大人になったら何になりたい？」と訊かれて「ふつうのサラリーマンになる」と答えた。その時の両親のがっかりしたような、あきれたような顔が忘れられない。

「少年よ、大志を抱け」とは、ほど遠い生き方をしていた。「山のあなたの空遠く」まで幸いを求めて歩いていくという生き方とも無縁だった。「ひとかどの人物にはなりたい」とは考えていたが、具体的にどんなことをしようという目標もなく、大学に進学した。大学時代は、怠惰な学生だった。思い切って遊ぶでもなし、さりとて勉強もせず、無為に自堕落に学生生活を送っていた。

そういう生活を送るのが、いやだった。ともかく早く卒業し、こんな生活から抜け出して、まじめに仕事をしたいという思いが強かった。仕事として、国家公務員を選んだのは、「ひとかどの人物になりたい」、「世の中のためになる仕事をしたい」という漠然とした人生設計があったからである。

準備もしないで受けた公務員試験である。合格すると思っていなかった。思いがけず合格通知が届いて、おっとり刀で厚生省に出向いた。人事課を訪ねて「この役所に入りたいのですが」といったら、対応した職員に「なんだ、今頃」と言われてしまった。例年キャリア事務官の採用は一〇人弱のところ、今年はすでに一五人に採用内定を出したという。確かに「なんだ、今頃」と言われても仕方がない。それなのに、この職員は私の採用をその場で決めてくれたのである。

採用内定者は、その後、事務次官、局長による面接を受ける。某局長から「浅野君は、なんでこんなに成績が悪いんだ」と質問された。「頭も悪いし、勉強もしなかったからです。どっちか違っていれば、もう少しいい成績だったでしょう」と精一杯正直に答えたが、「ふざけた奴」と思われて、採用を取り消されても仕方がなかった。それでも採用されたのは、なぜだろう。運がいいというよりも、私にとってはありがたいことである。人より遅れてやってきて、しかも大学の成績もよくない。こんな自分を採用してくれたことに感謝しなければならない。採用の瞬間から、「このご恩に報いるために、この役所のために一生懸命働こう」と心に決めた。

役所で仕事ができるようになって、うれしかった。怠惰な学生生活から抜け出て、早く仕事をしたいという気持ちで一杯だったからである。仕事ができることだけでも、「ラッキー」という感じだった。職業生活をこういったことで始められたのは、実際、ラッキーなことである。怠惰な学生生活を送ったことが、この結果をもたらしたようなものだというのは、強弁、開き直りのたぐいだろうか。

役所に入ってからは、あちこち人事異動がある。入省三年目には、人事院在外研修制度による官費留学でアメリカのイリノイ大学大学院に派遣された。日本での大学生活に悔いが残っていたので、敗者復活戦のつもりで、ひたすら勉学に励んだ。これでやっと少しは誇りと自信を取り戻すことができた。

留学を終えて、戻ってきたのは環境庁（現・環境省）自然保護局。勉学の日々から、霞ヶ関の多忙な生活に心身を慣らすリハビリに少々時間を要した。二年後には、厚生省老人福祉課に異動。そこでの仕事は一年だけで、在米日本大使館勤務を命じられた。大使館に赴く前の外務省での語学研修が始まった頃、赤井光子と見合い結婚。短い新婚生活の後、出産を控えた光子を日本に残し、私だけ一人ワシントンに赴任。大使館勤務一年目は「ワシンチョン」生活だった。

妻との出会いは、運命的なものではない。「出会い」というより、「見合い」である。相手がどういう人なのか、ある程度漠然としかわからない中で、「エイヤッ」と結婚を決めるのはお互い様である。夫婦としてうまくやっていけるかどうかも、わからないといえば、わからない。「運を天に任せて」に近いことなのだから、これもやはり運命なのだろう。その運命とともに、ここまで共に歩んできた。その妻に、今回の闘病では、言葉に尽くせないほど助けてもらったのだから、運命はいいように回ったといえる。

どの組織でも同じだが、人事異動があり、数年ごとに新しい仕事に就く。どのセクションに異動になっても、精一杯仕事に取り組んだ。在米大使館から戻ってきて配属された年金局では、課長補佐として「昭和六一（一九八六）年の年金大改正」に関わり、寝る暇もない忙しさであった。「これだけ立派に仕事をしていれば、上司に認められて、出世の道が開けるかもしれない」などという「邪心」は、少しも持たないで、ひたすら仕事に打ち込んだつもりである。

「つもりである」と書いたのは、障害福祉の仕事に出会って、それまでの自分の仕事ぶりに大きな変化があったからである。

第2章　障害福祉との出会いが人生を変えた

北海道庁で障害福祉の道へ

役所の人事異動の中には、地方への異動もある。私の場合、在米大使館勤務が地方勤務の代わりのようなものだから、その後の地方勤務はないと思っていたが、昭和六〇(一九八五)年、年金局での仕事が山場を越えたところで、北海道庁勤務を命じられた。ポストは、民生部福祉課長。実質的には、障害福祉の仕事をするところである。

異動直前には、厚生省年金局で仕事をしていた。当時、二〇歳で年金制度に加入する前に障害者になった人、生まれながらの障害者は、障害年金を受給できず、金額の低い障害福祉年金の受給にとどまっていた。年金大改正の機会に、この扱いをなんとか改めて欲しいという要望が、障害者団体からなされていた。厚生省に陳情にやってくる障害者に対応するのは、もっぱら私の役目だった。こちらも、何とか要望に応えたいと知恵を絞り、障害基礎年金の創設を「大改正」の中に含めるところまでこぎつけた。それまでの障害福祉年金の二倍の金額である。

陳情の場では、車椅子に乗った身体障害者が、理路整然と意見を述べる。障害者が地域の中で自立するためには、十分な所得保障がなされなければならないと彼らは熱を込めて語る。自立生活への熱意、実現のための行動、すべてに圧倒された。

障害者問題に興味を持ったのは、これが初めてではない。昭和四五(一九七〇)年四月、厚生省の新任研修で、重症心身障害児施設を視察した。玄関を入ってすぐのところで頭囲一メートルの水頭症の入所者に出会った。今まで見たこともない障害児である。「ここで一番障害が軽い子です」と職員が説明していたとおり、施設の中に入ったら、よだれを垂らしながら奇声を発している子、床をごろごろ転がっている子が何十人も目に入った。「この子たちは、何のために生きているのだろうか、この子たちにとって、生きる意味とは何だろうか」と深刻に考えてしまう。ショックだった。

研修の最後に提出するレポートに、この時のことを書いた。案内してくれた職員が「この子たち、何もできないように見えるでしょう。でも、私たちが話しかけると、答えてくれる。昨日できなかったことが、今日できるようになる。明日、もっとできるように働きかけるのが、私たちの仕事なのです」と説明してくれたのが頭に残っていた。「何のために生きているのだろう」に答えるヒントがここにあるような予感はしたが、正解がわからないままにレポートを書き上げた。この問い自体がまちがっていることに気がつき、正解に辿り着くのは、それから一五年後のことである。

こういった経験はあったものの、障害福祉をプロとしてやる、つまり給料をもらってやるのは、この北海道庁での仕事が初めてである。何もわからないのだから、何でも勉強しよう、現場を見よう、障害者本人、保護者、支援者、学者、施設関係者の話を聞こうと、北海道中を歩き回った。その過程を通じて、たくさんの魅力的な人に出会った。脳性まひの障害を持ちながら、地域での自立生活に挑戦するだけでなく、重い障害者の自立生活を支える活動をしている小山内美智子も、その一人。彼女は「ケア付き住宅」の制度化を求めて、道庁に陳情にやってきた。その前月、出産したばかりと聞いてびっくり。手も足も使えない障害者が、結婚して子どもを産み、自立生活を送っている。そんな奇跡のようなことを平然とやり遂げた小山内が、ユーモアをまじえ、理路整然と「ケア付き住宅」の必要性を説くのである。

小山内に始まって、多くの魅力的な人たちに出会った。その人たちを通じて、障害福祉の仕事の奥深さ、意義の大きさを理解することになった。

北海道での仕事の中では、重症心身障害児たちとの「再会」がある。たくさんの重症心身障害児施設を訪問するうちに、一五年前の厚生省新任研修の際に抱いた「この子たちにとって、生きる意味は何だろうか」の問いへの答えが出た。まず、こういう質問自体が、質問者の間違った人間観を反映していることに気がついた。間違った人間観というのは、人間の価値、生きている意味は、社会のため、経済発展のためにどれだけ貢献できるかで決まるという見方のことである。これを私は「貢献重視型人間観」と名付けた。その人間観に立てば、社会・経済のために何も貢献できない重度の障害者は、生きている意味がないとの見方に短絡してしまうだろう。それでいいのか、正しいのか。いいわけがない。

道庁の障害福祉担当課長として、重症心身障害児たちと再会したときには、この人たちが何を望んでいるのか、どうすれば幸せにつながるのかを真剣に考えた。そういった中で、重い障害を持った人にとっての生きる意味、人生の意義を考え抜くことになる。障害がどんなに重くても進歩の可能性はある。進歩したいという欲求はある。進歩の可能性を実現していくことこそが生きている意味である。貢献重視型人間観とは無縁の人生観である。後になって「可能性の哲学の実践」という言葉を見つけたが、障害福祉の仕事は、その「可能性の哲学の実践」のお手伝いをすることであることにも気がついた。別な言い方では、どんなに重い障害を持っていても、その人たちが生きていてよかったと思えるような生活ができるようにすることが障害福祉の目的だと思い定めた。そういったことは、動けない、話もできない重症心身障害児が真剣に生きる姿を見て教えられたことである。北海道での仕事の中での重症心身障害児との再会は、私に大事なことをもたらした。私のその後の仕事にとってだけではなく、自分自身の人生にとっても大きな転機であった。

障害が重いほど、できることが毎日増えていく

北海道は、開拓者精神が生きているからだろうか。障害福祉の分野でも、いろいろな先駆的試みがなされているのを知った。先駆的、先行的試みは、前例にこだわらず、法令や規則に従わないやり方ということである。伊達市にある道立の知的障害者施設「太陽の園」では、知的障害者が施設を退所して地域生活に移行していくための訓練を、職員の公宅を使って大々的に実施していた。厳密に言えばこれは法律違反だが、「こういう訓練は園生さんのために役に立つ。これこそ施設のやるべきこと」と総合施設長の佐藤春男が胸を張る。信念をもってやっているので、「法律違反」など気にしない。「障害者本人のためにこそ障害福祉の仕事がある」ということが、ストンと胸に落ちた。

札幌市内の先駆的施設では、生活寮の事業を展開していた。知的障害者が、世話人の支援を受けながら、街中の住宅で共同生活を営む場が生活寮である。のちのグループホームの原型となる事業が、北海道では早くから行われていたことになる。「これこそ、知的障害者福祉の次の一手だな」という予感がした。また、札幌の住宅メーカーのモデル住宅である「ノーマライゼーション住宅」を借り受けて、重度の障害児の日中活動の拠点として運営している母親グループの元気さに触れて、母親パワーに圧倒されもした。道内各地での、障害児早期発見、早期療育事業の展開にも、教えられるところが多かった。

古平町《ふるびら》の「共働の家」では、施設から出て、街中で就労する障害者を支援する事業を、「就労こそ障害者自立の基本」という辻田十三夫《つじたとみお》施設長の指導のもと、大々的に展開していた。賃金だけでは、地域生活を送るのには足りない。障害基礎年金の収入が加わることによって、地域での自立生活が成り立つ目処《めど》が立ち、施設を出る障害者が増えた。障害基礎年金が制度化された効果である。前職の年金局での仕事の成果を、北海道で確認できたことは、役人として冥利に尽きる思いであった。

北海道庁で二年間福祉課長を務めたことで、障害福祉の仕事の面白さを知った。障害福祉の仕事に関わる多くの人たちとのネットワークができた。人間的魅力にあふれた素晴らしい人たちばかりである。そしてなにより北海道の食べ物のおいしいこと。二年間で体重が激増した。もちろん、増えたのは、体重だけではない。もっともっとたくさんのものを、溜め込んだような気がする。

神様はいるんだ――厚生省障害福祉課長に

二年間の北海道庁勤務を終えて、昭和六二(一九八七)年四月、厚生省に復帰した。しばらくは、人事課付きで、雑用担当。次の人事異動待ちのポストである。走ることに出会ったのは、この時期である。「脱デブ」のために始めたジョギングがすぐに習慣化し、楽しみに変わり、ほぼ毎日走る生活が、それから二〇年以上続いた。フルマラソンも五回完走。五回目の東京マラソンは、二〇〇九年三月、ATLで入院する三カ月前のこと。国内外の出張の機会には、早朝に知らない街を駆け抜けるのが楽しみであった。ジョギングとの出会いがなければ、デブのままの人生だったろう。

九月に、札幌出張があった。懇親会の席に、厚生省人事課長から異動の内示を伝える電話。「浅野君には、障害福祉課長をやってもらう」という電話越しの声が耳に響いた。

「神様は確かに存在する」というのが、その瞬間に私の胸をよぎった思いである。「今度の人事異動では、障害福祉課長をやりたいのですが」などと人事当局に申し出た覚えはない。そもそも、人事当局は、異動先の希望など聞いたりしない。つまりは、「障害福祉課長を命ず」という辞令は、向こうから飛び込んできた運命である。障害福祉の仕事の魅力を教えてもらった札幌の地で、その人事異動の内示を受けるのも、何かの縁だったのだろう。

昭和六二年九月二八日。障害福祉課長に就任初日から、意欲満々である。なにしろ、北海道庁の仕事で、現場をたくさん見てきた。問題意識も十分に持っている。最初の課内会議で「障害福祉については、私は新米ではない。この課で、障害福祉について一番詳しいのは私です」と課員に伝えたのは、ちょっとやり過ぎだったかもしれない。

専門官の中澤健（その後、父親が戦死したマレーシアの地で障害児の福祉に従事）が、私の最初の訓示を書き留めていた。

1　仕事は時間の長さではない。仕事の中味でこそ勝負すべし。

2　当課のすべき仕事は山積している。儀礼的なあいさつ草稿などは、手を抜いてもいい。本来の課題と正面から取り組め。

3　毎日さまざまな情報が行き交い、むずかしい判断も迫られる。すべて隠すことなく、情報や事態はガラス張りにせよ。

4　当課は何のためにあるかを考えよ。本省の担当課は情報センターでもある。情報を集めよ。毎日、いくつもの県から人が来るが、用向きばかりでなく、県内の障害福祉の情報をみやげとして要求せよ。出張の折には、現場を少しでも見よ、現場の人と語れ。

5　大会、シンポジウム、研究会などには、できるだけ参加しろ。

6　親や団体としっかりとつきあえ。特に、親は親をやめられない。だから、これらの人の言葉の重みをしっかりと受け止めよ。陳情や要求の機会をゆめゆめおろそかにするな。

7　思想を言語化せよ。自分の担当する仕事について、自分の考えを文章化する努力をせよ。

課員一丸となって、仕事に邁進しようという檄《げき》である。自分自身にも、言い聞かせた言葉でもある。就任初日からの意気込みは、半端でなかった。

課長として、まずやったことは、人を知ること。北海道時代の仲間に、「全国区の障害福祉のスターを紹介して欲しい」と電話をかけまくった。「長崎に田島良昭というのがいる。知的障害者施設の運営に新風を吹き込んでいる快男児だ」という情報を聞いて、受話器を置いたら、怖い顔して課長席の横に立っている人が目に入った。「どなたでしょうか」「田島良昭です」「エーっ。今、その名前を聞いたばかり」。田島良昭との出会いは、こうして始まった。

田島良昭は、昭和二〇年、長崎県島原市生まれ。大学卒業後、厚生大臣を目指す政治家志望から転身し、昭和五二年、社会福祉法人南高愛隣会(コロニー雲仙)を設立、理事長就任。知的障害者施設コロニー雲仙、長崎能力開発センターを知的障害者の就労自立への訓練の場と位置づけ、知的障害者を地域で受け入れる事業を展開した。平成一九年、コロニー雲仙は「解体」され、元の入所者は、全員、地域の中で暮らしている。現在、元の入所者を含む一九〇〇名の障害者の地域生活を支えるサービスを提供。著書『ふつうの場所で、ふつうの暮らしを』(ぶどう社)のタイトルどおりのことを実践している。こういった活動が評価され、平成一四年「内閣総理大臣表彰」を受賞。

「コロニー雲仙」の事業に補助金の交付内示があり、長崎県庁の担当者から「厚生省にお礼に行け」と言われたから障害福祉課にやって来たという。お礼のついでに、内示がこんなに遅れたことに文句を言いたい。そのつもりでいたら、中澤健障害福祉専門官に「新しい課長を紹介する」と言われた。「何も知らない課長が来て、何もやらないで異動していく。これだから役所はだめなんだ」と絶望的な気持ちになって、課長席にやってきたらしい。

初対面で、お互いに「この人なら」と思うところがあった。私は、その場で、「これについて教えてほしい。これについての田島さんの意見はどうか」と質問を投げかけた。文句を言うつもりで障害福祉課に乗り込んでいったが、帰りの飛行機の中で、浅野課長に出された「宿題」に必死に取り組んでいる自分がいたと、この時の出会いを田島は振り返る。

敵は世の中の無関心、無理解――障害福祉の一戦士として

障害福祉の現場を求めて、全国を駆け巡り、多くの人との出会いがあった。北海道での障害福祉を卒業して、今度は、全国相手の障害福祉の仕事に関わっている。全国区レベルの人材を集めたい。こうやってできた仲間を母体に、「障害者の人権問題懇談会」を設立した。大げさなものではない。月に一回、土曜日(当時は土曜日は休みでなかった)の午後、障害福祉課の隣の物置部屋で障害者の人権問題について語り合う。「役所が、こんな過激な議論をしているなんて」と関わっている仲間もとまどいつつも、意義のある懇談会だった。障害者問題の現状についての情報を得る場であるが、それに加えて「怒り」を育てる機会ともなった。「障害者の人権が守られていない。誰に怒りをぶつければいいのか。誰と闘えばいいのか」。

障害福祉課長として仕事をしているうちに、公務員としての役割認識が変わってきた。職業生

活における自分の位置のことである。自己紹介をするとすれば「厚生省の年金局で年金の仕事をしています」というのが、それまでの自分の位置づけであった。

今の日本で障害福祉の仕事をするということは、「障害者の人権を守るために闘う」ということである。敵は誰か。世の中の無理解、無関心である。その敵とスクラムを組んで闘っている。障害者本人として、保護者として、施設職員として、学者として、マスコミとして戦いのスクラムが構築されている中に、「役人として」というのが混じっており、それが自分だという感覚である。「障害福祉の仕事をしています。持ち場は霞ヶ関の役人です」と自己紹介する。戦いの中で、それぞれの戦士に役割がある。その役割を生かしながら、全力を尽くす。そういうイメージである。

障害福祉課長になって、日曜日の夜にわくわくするという経験をした。「明日、また仕事ができる」と思ってわくわくするのである。誰しも経験があるだろうが、日曜の夜は気が沈む、月曜の朝に雨など降っていようものなら、憂鬱そのものである。私もそうだった。学校時代を通じて、役所に入ってからも、月曜の朝にウキウキするという気分からは遠かった。

そうやって、嬉々として仕事をしていく中で、障害福祉の新しい施策を次々と打ち出すことができた。知的障害者の地域生活支援のためのグループホームの事業は、障害福祉課長に就任した時から、「次の一手」として絶対に実現しようと思い定めていたものである。北海道での生活寮事業が念頭にあった。横浜市栄区の「朋《とも》」で重症心身障害者の通所事業をやっていることを知り、視察にでかけた。こういう事業は、国の認める施策のメニューにはない。「法律違反を指摘されるのだろうか」とドキドキして待ちうけていた日浦美智江施設長に、たくさんの質問を浴びせた。「口頭試問を受けているようで緊張したけど、嬉々として質問に答えていた」と日浦は、後にこの時のことを振り返っている。この視察で「こういう事業は絶対に必要だ」と実感し、翌年度の予算で「障害児通園施設機能充実モデル事業」として実現した。

障害福祉の世界では、「障害の重さ比べ」のような話がある。「うちの子は、重症心身障害で、世話が大変なのよ」という家族の声は聞いていた。私も、重症心身障害児が、障害程度ということでは、一番重い人たちだと思っていた。だから、自閉症の親の会で聞いた話はショックであった。「トイレに閉じこもって何時間も出てこない。寝ていても、急に起きだして、外に飛び出して行く。夜は、彼の足と私の足をひもで結んで寝ます。スーパーでは奇声を発しながら、陳列棚の商品の山を崩します。家では、暴れまわる、物を投げる、親を叩く。重症心身障害の子を見るとうらやましい。うちの子も、こうやって動かないでいてくれたら、どんなに楽かと」。

そんな自閉症の子を施設に入れようとあちこちお願いにいくと、「こんなに行動障害が激しい人は、うちの施設ではとても受け入れられません」と施設入所を断られるケースがとても多く、家族は途方に暮れていた。これは、何とかしなければならない。「強度行動障害調査研究事業」を立ち上げて、新しい訓練方法を探るための研究という名目で、先進施設での受け入れを進めることにした。ちなみに「強度行動障害」は、私の造語である。

施設のマンパワーを地域で暮らす障害者の支援に活用するために「在宅心身障害児者療養モデル拠点事業」を立ち上げた。施設入所者は、施設職員により、いわば一〇〇%の支援サービスを受けているのに対して、地域に住む障害者へのサービスはゼロである。これはおかしいし、施設職員のサービス対象が入所者だけではもったいない。施設の持つ人的資源を地域に向けても活用すべきものと考え、この事業を始めた。地域での自立生活支援のために施設からコーディネーターを派遣する事業であり、施設は地域サービスの拠点と位置づけられる。

知的障害者の福祉工場の定員が五〇人であったものを二〇人以上という形で弾力化して、福祉工場を運営しやすくした。また、授産施設に分場システムを導入し、分場を本店に対する支店のようなものと位置づけた。本店から職員を派遣してもらったり、必要な援助を受けながら運営ができるというメリットがある。これなら、少ない定員の分場でも、授産施設として運営ができるようになる。我ながら、一年九カ月という短い在任期間の業績としては、上出来だろう。

仕事のかたわら、福祉関係の月刊誌に障害福祉に関するコラムを連載し、講演で全国を駆け回った。そういったところでの話をまとめて、本にするという企画が、「ぶどう社」の市毛研一郎社長から持ち上がった。「こんな材料で一冊の本になるのかね」と思っていたのだが、市毛は、見事に『豊かな福祉社会への助走』という本に仕上げてくれた。私にとっては、生まれて初めての著書である。

平成元(一九八九)年四月二八日、東京・日比谷のプレスセンターホールで、『豊かな福祉社会への助走』の出版パーティーが開催された。「出会い・語らい・明日への助走」という副題がついている。二〇〇人の出席者の中で、新しい出会いがあり、障害福祉について語らい、明日への飛躍を誓う。「出版パーティーは面白い、役に立つ」と思い、味をしめた。

足下に泉あり――「斜め四五度上方指向」からの脱皮

平成元年六月末。人事異動で社会局生活課長を命じられた。一年九カ月で児童家庭局障害福祉課長を去ることになる。その時の気持ちが、障害福祉関係者に送った退任の挨拶状に表れている。

人の命に限りがあるように、役人の任期にも終わりがあります。ましてや平均寿命一年数カ月の障害福祉課長の職ですから、就任の瞬間からこの日を覚悟していたつもりです。

六月二七日付で障害福祉課長の職を辞しました。「障害福祉は社会を変える」と素直に信じた一年九カ月です。障害福祉の流れを変えられると確かな手ごたえも感じつつありました。全力疾走したつもりでしたが助走距離はあまりに短く、飛翔までいかなかったのが残念です。

しかし、素晴らしい仲間に囲まれ、行政官としての私の水平線を拡げてくれた貴重な期間と言えます。いずれ別れが来ることを知るがゆえに、なおのこと燃える逢瀬の如く、一日一日をいつくしむように過ごしました。「いいな、いいな。いつまでも障害福祉の仕事を続けられる人はいいな」とうらやみ、役人の宿命を嘆くのです。

「はやてのように現れて、はやてのように去っていく」ひっかき回すだけの存在だったのではないかとの反省もあります。「きっとまた戻ってきます」と申し上げつつ一時お別れすることにいたします。

平成元年六月

浅野史郎

障害福祉課長としての私の命は尽きた。「四十九日の法要」をやろうと言い出したのは私である。辞任から四九日目に開催する。出席者は、私と親交のあった障害福祉関係者。「追悼集」も作った。作成費は、寄稿者の原稿一頁一五〇〇円の「香典」を充てた。タイトルは「出会い、語らい、明日への助走~障害福祉への熱き想い」。七〇人の仲間が寄稿してくれた「追悼集」は、私の宝物である。四十九日の法要は、出席した方々を私の後任の障害福祉課長である吉武民樹にお引き合わせする場面でもあった。私の持っていた人的ネットワークを就任四九日目にまるごと引き継いでもらう。これも四十九日の法要を企画した目的の一つである。

一年九カ月の障害福祉課長は、公務員としての仕事の水平線を広げてくれた。「義務ベースから権利ベース」というのも、その一つ。公務員に限らず、サラリーマンの仕事は給料をもらってやるのだから、仕事は義務である。それまでの私の公務員生活は、まさにそのとおりの仕事ぶりであり、仕事をすることを権利と思ってはいなかった。障害福祉課長になってからは、「こんなやりがいのある、楽しい仕事をする権利」という感覚で毎日を過ごすようになった。

「斜め四五度上方指向」から脱皮したのも、この時期である。それまでの仕事も、まじめに、一生懸命、全力でやってきたつもりである。そうではあるが、頭の片隅には「こういう仕事ぶりを上司が認めてくれたら、出世につながるだろう」という根性があったことは否定できない。比較的に面白くない仕事をさせられている部署では、特にそうだったはず。障害福祉の仕事は、それ自体面白過ぎて、「出世につながるかも」という「邪心」が後押しをするようなものではなかった。

障害福祉課長としての仕事をしながら、「足下に泉あり」というゲーテの言葉が想起された。斜め四五度上方にある幸せに気を取られず、今の仕事そのものに集中する。足下を掘り進める感覚である。「足下に泉あり」というのは、「足下を掘ってみなさい。必ず、泉が湧いてくるから」ということである。「必ず」というのが、大事なところ。どんな仕事でも、極めれば、やりがいにつながることを信じて、役人生活を送るべきである。

障害福祉の仕事からは、豊かな水量のおいしい泉が見事に湧いてきた。そう実感できる仕事に行き当たったことは、私にとって、幸運なことであった。私から求めていったのではない。まさに行き当たったのであり、「私の行き当たりばったりの人生」そのものである。

このことを私は運命ととらえている。自分から求めてではなく、向こうからやってきたという意味で、これは運命である。その運命が、その後の人生を変える。障害福祉は、私のライフワークとなった。その過程で仲間となった人たちとは、一生の付き合いである。そして、その人たちには、一生を通じての、いろいろな場面で力になってもらう。運命には、「闘う」というイメージが重なる。運命の導きにより、一緒に闘う仲間を得る。

障害福祉課長の仕事は、なんとも面白く、やりがいがあった。そんな幸運なポストを経験してしまったからだろう、社会局生活課長から厚生年金基金連合会への出向を命じられた時には、がっくりきた。「本省から外郭団体に飛ばされた」という思いがあったので、挫折感すら覚えた。「斜め四五度指向はやめろ」、「足下に泉あり」などとご立派なことを言い立てたが、組織での栄達、出世ということに、まだとらわれていた自分を見出す。しばらく、うじうじ、ぐずぐずが去らなかった。目の前に暗雲が立ち込め、落ち込んだ。

新しい仕事に就いて、「うじうじ」「ぐずぐず」がなくなるのに、それほどの時間はかからなかった。本省の仕事と違って、国会待機がない、他省折衝がないというのが、こんなに楽なのか。それだけではない。年金基金の資産運用という、私にとって初めての仕事、未知なる金融の世界は、魅力に満ち満ちていた。扱う金額の単位が違う。厚生省の予算はミリオン(一〇〇万円)単位の仕事。一方、資産運用はビリオン(一〇億円)単位である。扱う金額の大きさだけではない。金融、資産運用の仕事は面白いというより、中身が濃くて、深い。今まで、まったく付き合ったことのない投資会社、信託銀行、生命保険会社の資産運用のプロと丁々発止やりあったことは、得がたい体験であった。

挫折体験を書くつもりだったのに、結局は成功体験になってしまった……。

第３章　運命と使命——知事、そして教授職に就く

宮城県知事選、出馬決断までの苦しい、つらい一週間

平成五（一九九三）年九月二八日。本間俊太郎宮城県知事が、収賄容疑で逮捕された。このニュースを聴いた時、私は厚生省生活衛生局企画課長の席にいた。その三カ月前、人事異動があり、企画課長に就任のあいさつ回りをしている途中で見たテレビでは、「石井亨仙台市長が収賄容疑で逮捕」のニュースを報じていた。宮城県、仙台市は私のふるさとである。そのふるさとの知事、市長が収賄容疑で相次いで逮捕というニュースに、私の心はおだやかではなかった。

「自分のふるさとが汚された」、「恥ずかしくて、全国の仲間に顔向けできない」という思いである。その後の「出直し知事選挙」には、八木功副知事を担ぎ出す動きが地元経済界や県議会から出てきた。他に出馬を模索する動きもあったが、ことごとくつぶされ、「八木氏で決まり」という状況になった。「知事が逮捕され、女房役の副知事がその後釜に坐る。そんなことが許されるのか。恥の上塗りではないか」という怒りは、私だけでなく、心ある多くの県民も共有していたが、「でも、仕方ない」というあきらめムードも漂っていた。こうなったら自分が出るしかないか、という考えも頭をかすめた。

生活衛生局企画課長としての仕事を淡々とこなしながら、心おだやかでない日々が続く。「恥

の上塗りだ」という思いと、自分が選挙に出る可能性、その両様の思いで、心が波立っていた。

それまでは、知事になりたいという人生は歩んでいない。しかし、今回の状況が「自分が知事選に出る可能性」に追い込んだ。そのことを、長崎のコロニー雲仙理事長の田島良昭に相談したら、翌日、一週間分の着替えを持って飛んできた。「可能性を探ろう。やるときはやる」という田島の言葉に、心が乱れたり、奮い立ったり。

出馬を決断するまでが大変。人生で、これほどのつらい、苦しい思いの一週間はなかった。深夜の妻への説得。もちろん、妻は大反対である。朝までかかって、やっと説得できた。こういう場面で、「はい、わかりました」と簡単に納得する妻などいない。最初の、そして最強の説得相手は妻であり、そこを突破できなければ、選挙に出ることなどできない。

出馬を決めた後も、心は揺れる。「出ても勝てるあてはない」と弱気になる。友人からの「やめておいたら」の言葉に動揺する。一日ごと、一時間ごと、上がったり下がったり、心のジェットコースターである。そんな時、横尾和子老人保健福祉局長から電話があった。「浅野さん、よく決心しましたね。本当におめでとう」という言葉を聞いて大泣きした。「がんばってね」ではない。「おめでとう」という、思いもかけない言葉に感激したのである。救われたのである。

心のジェットコースターを味わっている私の傍にいて、適切な助言をし、勇気づけてくれたのが田島良昭。その田島が、一日だけ仙台入りをして、独自の「市場調査」をして私のもとに帰ってきた。「出れば勝てる。県民の怒りはほんものだ」。これが市場調査の結論。

一一月一日、月曜日。二三年七カ月勤めた厚生省に辞表を出す。これでもう後戻りできない。

間に文化の日の休日を挟んで、三日後の一一月四日、宮城県知事選挙告示。いよいよ、選挙が始まった。時間がない、知名度がない、組織がない、金がない。ないないづくしで始まった選挙である。私の応援をしてくれる人たちも、ほとんどが負け戦と覚悟していた。出馬を決めてからは、私の心は落ち着いていた。ここでも「根拠なき成功への確信」があった。

応援してくれたのは、地元では、仙台二高「一八(いっぱら)会」のメンバーが中心。私と同じ仙台二高第一八回卒業生で、毎月一八日に仙台市内での飲み会に集まる仲間である。選挙に関しては、まったくの素人集団。その素人集団が、獅子奮迅の活躍をしてくれた。

選挙資金の面で支えてくれたのが、全国の障害福祉の仲間たち。高松鶴吉北九州市立総合療育センター所長が呼びかけ人の「夢ネットワーク」を通じて寄せられた一二〇〇万円の寄付が、選挙費用のほとんどすべてを賄った。中でも、北海道をはじめとする全国の障害福祉関係者の分が多かった。障害福祉課長の後のポストである社会局生活課長時代に関わった生協関係者、婦人保護事業の関係者たちからも浄財が寄せられた。

一一月二一日の投票日、結果は二九万票対二〇万票、八木功候補に予想以上の大差をつけて当選。翌日から、宮城県知事としての仕事が始まった。

当選、そして「改革」の日々

最初の懸案は、本間知事時代に計画された「保健医療福祉中核施設群構想」の見直しである。複数の大規模な障害者施設を一カ所に集める構想は、地域福祉が中心になるべき二一世紀の障害福祉とは逆方向である。既に計画として動き出しているものに待ったをかけるのは、大きな波紋を呼ぶ。予想通り、県議会をはじめ、各方面から反対の声が上がったが、考えを押し通した。

次に飛び込んできたのが、県庁の裏金づくりである。食糧費を不正に流用して、裏金にしていたのではないかと仙台市民オンブズマンに追及された。追及された直後は、「逃げよう、隠そう、ごまかそう」という「悪魔のささやき」が聞こえた。その誘惑をはねかえして、真相究明に立ち上がったのは、「何のために自分は知事になったのか」、「選挙で私に期待した県民の思いを裏切れない」との思いに立ち返ったからである。県庁組織の内部調査を徹底して行い、裏金づくりの実態を公表し、関係職員を処分し、裏金を県に返済した。この問題への対処の過程では、「官官接待」の廃止も断行した。

この過程を通じて、情報公開の徹底が宮城県庁の大方針となった。「情報公開は組織を救う」、「情報公開は転ばぬ先の杖」ということを、県庁職員全員が共有できた。「福祉日本一」より先に「情報公開日本一」を達成することになった。

この後も、カラ出張による裏金づくりが表面化したが、食糧費問題と同様に厳しく対処した。県庁の「大掃除」はまだ続く。公共工事をめぐる「官製談合」で、県議会議員三人が相次いで逮捕されるという事態を受けて、入札制度の改革を行った。「諸悪の根源」である指名競争入札を廃止して、一般競争入札を原則とするなどの改革である。改革後に、工事価格が二割も低下するという結果を見て、今までの入札でどれだけの談合が横行していたか、改めて知るところとなった。

こういった仕事は、負の遺産の解消であり、後ろ向きの改革である。血湧き、肉躍る仕事ではないので、元気が出ない。しかし、選挙の経緯を考えれば、こういう改革の断行こそ知事としての運命である。逃げられない、逃げてはいけない。マスコミなどから、「改革派知事」と呼ばれるのは、こういった改革を進めているからであろうから、むしろ張り切ってやらねばならない。そんなことも考えながら、知事としての業務を遂行していた。

やりたいことがやれない要因に財政難がある。景気後退で税収が上がらない。「景気対策に県も付き合え」と国に尻を叩かれながら、公共事業予算を増やす。結果的に、景気は上向かず、県の借金のみが積み上がる。県の財政は、ますます苦しくなる。新しい事業を始める財政的余裕はほとんどない。私の知事としての任期を通じて、ずっとこんな状態であった。

知的障害者施設解体宣言

そんな中でも、福祉関係には力を入れた。知事就任後すぐに、「宮城の福祉を考える百人委員会」を発足させ、宮城らしい福祉施策の方向を打ち出すための助言をもらう場を設けた。県外メンバーは、厚生省時代に一緒に仕事をした仲間である。札幌から小山内美智子、東京から石川治江、横浜から日浦美智江、北九州から高松鶴吉などが集結した。石川治江は、東京の立川市で高齢者、障害者に対し二四時間三六五日の在宅ケアを提供する「ケアセンターやわらぎ」を立ち上げた。高松鶴吉は、北九州市立総合療育センター所長として、重度の肢体不自由児の療育一筋で、障害児からも親からも頼られ、慕われる整形外科医。こういった福祉の分野の輝けるスターが、宮城県の福祉関係者と一緒になって動いてくれる。そこから、新しい施策が次々と生まれた。

東北で最初の県立こども病院の開設。障害児の養護学校通学支援事業、普通学級への重度障害児の受け入れモデル事業、高齢者・障害者が共に暮らす共生型グループホーム事業、精神障害者の地域生活支援のための援護寮事業などが、新しく始まった。

福祉の仕事として、印象深いのは、「みやぎ知的障害者施設解体宣言」である。これからの知的障害者福祉は、地域福祉が中心である。知的障害者にとって、「ふつうの場所で、ふつうの生活」を送るのが、人生の目標であり、願いであることを知らなければならない。その願いを叶えるために支援するのが、障害福祉に関わるものの役割である。保護者を含めた関係者の間に根強い「施設で暮らすのがあたりまえ」という観念を払拭《ふっしょく》しなければ、いつまで経っても、障害者本人の願いは叶わない。施設から出て、地域で暮らす知的障害者の支援のために、グループホームを用意し、就労を支援し、日中通う場所を確保する施策を先行させなければならない。その哲学と方法論は、県立施設である「船形コロニー」の職員によって共有されており、「船形コロニー解体宣言」が先行してなされていた。船形コロニーの運営にあたる宮城県福祉事業団の理事長は、田島良昭である。

重度の障害者専門に設置された船形コロニーが解体できるのであれば、より軽度の知的障害者が入所している施設の解体は容易である。解体するといっても、明日ではない。地域での受け入れ態勢を用意し、入所者の地域生活のための訓練を行ったうえで、時間をかけて解体にもっていく。関係者の間には、とまどいと反対論が見られたが、私としては、これからのみやぎの障害福祉の進むべき方向を示したという自負がある。施策の方向を示すのが知事の役目。実行するのは、職員の仕事。実現には時間がかかる。時間の経過で風化し、看過されないためには、文書として残さなければならない。解体宣言は、一字一句、私が書いたが、個人的な思い入れだけではないつもりである。

知事一二年間の使命(Mission)

平成一七(二〇〇五)年一一月。宮城県知事を退任。その三カ月前の八月二一日(日)、自宅に出納長と二人の副知事を呼んで、「一〇月の知事選挙には出馬しない」と伝えた。幹部職員だけでなく、マスコミも県議会も、私が四期目の知事選に出るものと決め付けていたようなので、「不出馬宣言」は驚きをもって受け止められた。

知事になりたくて、なりたくてという人生を歩んできたのではない。知事になってしまったのは、運命である。運命はそのまま受け入れる、きっかけは、予期せぬ出会いであっても、出会った運命にしたがい、運命に寄り添って生きていく。知事業は、やりがいがあった。つらかった、いやだったという場面など、ほとんどなかった。いつも新しい出会いがあり、毎日、毎日、新鮮な思いで仕事を続けることができた。

一二年間の知事業を通じて、常に意識したのは、自分に課せられた使命(Mission)である。現職知事が収賄で逮捕されるという不祥事で傷ついた宮城県を立て直すこと。「みやぎの誇りを取り戻す」という使命がある。神から与えられた使命ではない。県民に託された使命である。裏金づくりへの厳正な対処、官製談合の一掃、情報公開の徹底、向こうからやってくる難題に立ち向かう都度、自分はどうして知事の座にいるのかを思い起こし、自分に与えられた使命を果たすにはどうしたらいいのかを常に考えた。

犯罪捜査報償費の不適正支出問題にメスを入れるべく県警に迫ったのも、こういった使命を意識してのことである。「県警をこらしめてやろう」ではない。正義感からの行動でもない。県庁本体は、裏金問題を経て立ち直った。県警としても、恥ずかしいことはやめろ、県民の信頼を裏切るなという思いから、県警と対峙したのである。組織の誇りを取り戻すためのお手伝いというつもりだった。それは決して皮肉でも冗談でもない、本気である。

一方で、知事の仕事の限界も意識した。なにしろ、仕事の範囲が広い。県政に関するなんでも、かんでもである。一つの仕事に集中することがむずかしい。Everything, Something、つまり「広く、浅く」である。障害福祉課長時代の仕事は、障害福祉というSomethingについてEverythingだったのとは好対照である。こういう限界の中で、「これは絶対自分がやる」と決めたものだけ、やるしかない。まじめに考えれば、これはつらいことかもしれない。

運命に導かれての知事選出馬。運命として受け止めた知事就任。一二年間知事を務めての退任は、卒業ではない。新たな出発であった。

転職ではなく「天職」――慶應義塾大学との出会い

知事退任後、県社会福祉協議会の会長を務めていた私のところに、旧知の金子郁容から電話があった。金子とは、社会福祉法人「プロップステーション」理事長の竹中ナミ（通称「ナミねえ」だが、「並でねえ」と呼びたくなるほどの福祉の行動派）が主宰する「チャレンジド・フォーラム」のメンバーとして親交があった。「浅野さん、SFCに来ませんか」というお誘いである。金子は慶應義塾大学湘南藤沢キャンパス（SFC）環境情報学部教授。キャンパスが通勤に不便なところにあるので、いったん躊躇したが、最後は「受けましょう。よろしくお願いします」と申し上げ、トレード交渉成立。平成一八（二〇〇六）年四月から、慶應義塾大学SFCの教壇に立つことになった。

慶應義塾大学SFCキャンパスの鴨池前で

（2008年10月21日撮影）

知事退任後の仕事として、大学教授というのも、漠然とは考えていた。自分から就職活動をしたのではない。運命は、金子郁容教授からのお誘いという形でやってきた。その運命に導かれての慶應義塾大学との出会いである。

学問や研究とは無縁の人生を送ってきたので、大学教授なんて務まるだろうかと不安もあった。始めてみれば、大学教授はいい仕事である。SFCのキャンパスは、自然に恵まれ、学生数が多くないので、ゆったりしているのが気に入った。学生たちは熱心で、教えがいがある。「これは転職ではなく、天職かな」と思えるほど、教授業に満足している。

「天職」とは、「その人の天性に最も合った職業」という意味であるが、もう一つ、運命のにおいがする。「自分から求めての職業」ではなく、天から降ってきて与えられた仕事というふうに受け止めている。そして、それが自分の天性に合った職業と思えることは、幸運なことと言うしかない。慶応大学ＳＦＣ以外でも、こんなに満足できたかどうか。他の大学に勤めたことがないので確かなこととは言えないが、職場が慶応大学ＳＦＣになったことは幸運だったと思える。これも運命である。

大学では、地方自治、政治学の講義のほかに、障害福祉をテーマにしたゼミを開講している。毎回、ゲストとしておいでいただくのは、障害福祉の仲間たちである。履修学生は、それまで障害者問題には無縁の生活を送ってきたものばかりである。将来、障害福祉に関わる仕事に就くこともない。その学生たちが、ゲストの話に感銘を受け、人生観が変わったという。こういう学生が社会に出て行ったら、社会も少しは変わるだろう。そんな手ごたえを感じつつの授業が楽しくないはずがない。そもそもが、若い学生と一緒になって、学び合う、語り合うなんて、私の人生設計の中にはなかった。知事を続けていたら、こんな人生はなかっただろう。そう考えると、いい時期に知事を辞めたことになる。

慶応大学での仕事を始めて一年経った頃。四月からの新学期を前にした春休みの期間に、東京都知事選挙があり、立候補したが、落選。当選の石原慎太郎氏二八一万票に対し、一六九万票、大差での敗戦である。現職の強みに加えてカリスマ的人気のある石原氏を相手に、勝てる選挙ではなかった。同じような状況だった宮城県知事選挙出馬は、やむにやまれぬ気持ちで「エイヤッ」と飛び込んでいったのだが、今回は違う。宮城県知事選挙の成功体験が純粋な目を晦《くら》ました。「根拠ある成功への慢心」である。都知事というステイタスへの野心もあった。

出馬の背景、動機、選挙の戦い方、すべてがしっくりこない。宮城県知事選挙初出馬に最後は納得し、受け入れてくれた妻が、今回は最後まで反対であった。選挙が終わって後味が悪いのは、落選という結果のせいだけではない。自分でも、納得できないところがあって、そのことが胸にひっかかっている。挫折感は、その分、大きかった。

選挙で負けた私を慶応大学ＳＦＣが温かく迎えてくれたのが、救いであった。投票日の翌日が、春学期の初授業。「先生、もし当選していたら、この授業どうなったのでしょう」と学生に言われては、苦笑するしかない。こういった学生たちのところに、戻って来ることができたのも、ありがたいこと。苦い思いを、早い時期に振り払うことができた。

平成二一（二〇〇九）年六月三日、授業終了時に学生に唐突に語りかけた。「ＡＴＬという厄介な病気になった。明日、入院する。しばらく休むが、必ず戻ってくる」。学生の驚く顔。「がんばってください。絶対に戻ってきてください」と涙ぐみながら声をかけてくる学生もいる。そんな声を聴きながら、キャンパスを後にした。戻ってくるのは、それから二年後のことである。

第4章　戦いに必ず勝つぞ！

闘病の始まり

平成二一（二〇〇九）年六月四日。東京・白金台の東京大学医科学研究所附属病院に入院。これがＡＴＬとの闘病の始まりである。お見舞いの方から、励ましの言葉をいただく。「浅野さんは運のいい人だから、絶対に治る」と断言する見舞い客が多い。運がよかったら、「ＡＴＬの急性型が発症するのは、年間でＨＴＬＶ－１感染者の千人に一人」という確率のクジを引き当てるはずがないんだけどなあと思いつつ、悪い運は、そこで使い果たしたと考えることにした。

骨髄バンクが設立されたのは、平成三（一九九一）年一二月。これより前にＡＴＬを発症していたら、骨髄移植は受けられなかった。一〇年前の発症なら、ミニ移植が一般化していなかったから、やはり、骨髄移植は受けられなかった。フル移植では骨髄移植の前に強力な抗がん剤を投与し、全身に放射線を照射して患者の骨髄を完全に破壊するという厳しい前処置療法をするのに対し、ミニ移植は弱い抗がん剤投与と少量の放射線投与だけを行い、患者の骨髄を残す形の前処置をする。私は六一歳でＡＴＬに罹患したのだが、もっと遅く、七〇歳での発症だったら、年齢的にいって、厳しい治療に耐えられなかっただろう。病気発症のタイミングが良かった。Right Time である。

入院治療が東大医科研だったのも幸運だった。妻は新聞記事で、東大医科研がATL治療で実績を挙げていることを知っていたが、どうやったら入院治療を受けられるのかはわからない。東大医科研がATLのセカンドオピニオン外来を開設していることを教えてくれたのは、残間里江子である。早速、病院に電話をし、検査結果などの現状を伝えたら、担当の内丸薫先生から「明日病院に来るように」と言われた。翌日病院に赴き、内丸先生の診察を受け、一週間後入院というところまで決まってしまった。Right Place に行き当たったのである。

そして、治療に当たった医療スタッフが素晴らしかったこと。Right Persons である。幸運とは、こういうことをいう。「根拠なき成功への確信」で始まった闘病だが、だんだん根拠が見えてくる。

ATLが発症して、入院治療に入ることは、「情報公開」していた。河北新報、読売新聞、産経新聞には、その記事が出た。テレビ朝日の「報道ステーション」では、SFCの学生への取材もあった。毎週木曜日にコメンテーターを務めていた「ミヤネ屋」(読売テレビ)では、資料映像を含んで、詳しく報道された。同じくレギュラー・コメンテーターを務めていた「朝ズバ！」(TBSテレビ)では、司会のみのもんたが「浅野さんは、ATLでしばらく休む。治療に専念して、早く戻ってきて欲しい」というメッセージを番組の中で語りかけた。

報道のおかげで、多くの人が、私の発病を知ることになった。入院した六月四日だけで、「夢らいん」に四〇件の応援メールが寄せられた。田島良昭は、骨髄バンクへのドナー登録運動を展開し、仙台で開催中の「とっておきの音楽祭」でも呼びかけた。仙台では、ドナー登録者が急増したらしい。知事選挙の「勝手連」の応援を思い出す。知人、友人だけでなく、見も知らない人たちも私の病気を気遣ってくれて、応援してくれる。ありがたいことであり、病気と闘う勇気も湧いてくる。

私が「闘うぞ」という固い決意で闘病に入れたのは、ATL発症の告知がなされたからである。患者への告知は当然と思っていたのだが、そうでもないらしい。骨髄移植を受けた患者の手記を集めた本を読んで知ったことであるが、手記を書いている患者さんの大部分は、少なくとも当初の段階では、病名の告知を受けていない。手記が書かれたのは一〇年前であるが、当時であっても白血病は不治の病ではなく、治療可能であったにもかかわらず、である。患者としては、疑心暗鬼、不安だけが増し、治療の意味もわからずに治療を受けることになる。治癒の可能性がゼロでない限りは、絶対に告知すべきである。ほんの一〇年前なのに、こんな「告知せず」ということがまかり通っていたことに驚く。それとも、医療機関ごとの差異なのだろうか。だとすれば、今でも、告知せずの病院があるということか。

私の場合は、当初から、言ってみれば発病以前から告知を受けている状態であった。東大医科研への入院にあたって、内丸薫先生から、「余命(生存期間中央値)一三カ月」という厳しい数字も含め、正確な情報を伝えられていた。落ち込んだのは三〇分ぐらいで、「だからこそ、厳しい戦いに勝たなければならない」と思い定めることができた。

Right Personsにより治療を受けられる幸運

入院初日。主治医の大野伸広医師から、ＡＴＬについての詳しい説明と、今後の治療方針について説明があった。今後の治療がかなり厳しいこと、完全勝利までの道筋は険しいこと。フルの骨髄移植は五〇歳以上の患者にはできず、ミニ移植しかできない。その効果については、Evidence、つまり「うまくいった」という臨床データがあまりない。説明を聞いて、安心半分と不安半分。不安は乗り越えていくしかない。

私からも、大野先生に伝えておくことがあった。「死ぬ前にぜひとも行きたいところ、ぜひとも会いたい人、ぜひともやり遂げたい仕事というものは、私にはありません。ただ、目の前の敵と闘うだけです」。患者としての決意表明。主治医にも知っていてほしかった。

Right Persons により治療を受けられることの幸運も実感していた。大野先生は、私が珍しく治療の効果に不安を漏らしたときに、「浅野さん、大丈夫だから。治るから。大船に乗った気でいてください」と言ってくれたのはうれしかった。たちまち不安は吹っ飛び、大船に乗った気分になった。こういう医師がいてくれること、これも幸運なことにまちがいない。

入院の翌日、妻と築地の国立がん研究センター中央病院の田野崎隆二医師の診察を受けにいった。東大医科研での抗がん剤治療を終えたら、がんセンターに転院して、田野崎先生による骨髄移植の治療を受けることになっていた。田野崎先生からは、病気について、今後の治療方針について、懇切丁寧な説明を受けた。「この先生なら大丈夫」、心から信頼できるという印象を持った。「田野崎先生にお任せしよう、絶対に治してくれる」。これは「根拠ある」成功への確信である。こういう先生に出会えたことは、なんと幸運なことだろう。帰り道、妻と笑顔で顔を見合わせた。

入院してしばらくの「三重苦」は、発熱(最高三七・六℃)、肩の痛み、目の痛み・かすみである。発熱と肩の痛みはすぐになくなったが、目の痛みは残った。東大病院の外来診察を受けたところ、ぶどう膜炎らしい。HTLV－1ウイルスが眼球のぶどう膜に入り込んで、炎症を起こしている。ATL由来の症状ということになるが、これがATL発症以来、初めての、そして唯一の自覚症状である。ステロイド薬と瞳孔を開く薬の点眼を一日六回。このぶどう膜炎が「全快」と診断されるまで、点眼は四カ月も続いた。

治療とは別に、入院して驚いたことがある。担当医師の給料の低さである。六月九日の日記の記述から。

夕方、大野先生から、これからの治療方針を改めて説明してもらった。田野崎先生とのメールのやり取りも参考にしながら、弱い抗がん剤の内服投与から始めるという方針で行き、数値が悪くなったら、すぐさまLSG15に切り替えるということ。よくわかる。

問わず語りに、大野先生から、ここの給料が手取りで三〇万円弱ということを聞いて、びっくりするやら、嘆くやら。「治ったら、この状況の改善に努力します」と私が決意表明。冗談ではない。ほんとに、神様みたいな医師団である。

抗がん剤治療へ

入院して一二日目の六月一六日、抗がん剤投与開始。使われる抗がん剤は、アドリアシン、エンドキサン、オンコビン、プレドニン、サイメリン、フィルデシン、カルボプラチン、ペプシド。これらを三、四種類ずつ組み合わせた「セット」を一週間おきに三回投与するのが1クール。一、二週間休んで、次のクールに入る。四週間を1クールとする化学療法を3クール以上やったところで、骨髄移植に進む。抗がん剤の副作用として、吐き気、脱毛、免疫力低下、手足の指先のしびれ、便秘、不眠、血糖上昇、血小板減少、食欲低下がある。事前に、大野先生から懇切丁寧な説明があった。穏やかに、にこやかに説明する大野先生の話を聴いていると、「絶対に治る、うまくいく」という気がしてきて、こちらもゆったりとした気分で抗がん剤治療に臨めるのがありがたい。

抗がん剤治療はつらいと聞いていたが、私の場合は、抗がん剤との相性がいいのかわからないが、副作用は大したことなく治まっている。吐き気、食欲不振があるが、「軽い二日酔い」という程度である。抗がん剤投与二週間目から頭髪が抜け出した。予想はしていたのでショックではないが、微妙な気持ちである。

その頃、どんな感じで闘病していたか。ある方へのメールの内容が残っているので、それを引用してみる。

順調な入院生活です。病気のことを考えて、悶々として眠れないということなど、まったくありません。厳しい病気を前にして、自分の死のことを考えるということも、皆無に近い。さらに、復帰してあれもしたい、これもしようという、強烈な願望もないのです。

あきらめているのではありません。達観しているとも言えません。うんとふざけた言い方をすれば、ゲーム感覚、もう少しまじめに言えば、運命に身をゆだねるということ。厳しい戦いだが、勝ち目はあるし、戦いがいがあるのだから、最善を尽くして戦い抜こうという前向きな姿勢は保持しています。だからこそ、じたばたせずに、戦いに勝つことだけに、すべて集中しようという気持ちになります。楽です。

ともかく、厳しい戦いに勝ち抜こうという、静かな闘志は持ちつつ、心は極めて平静に推移しています。そのことは、入院生活の精神衛生上は、悪いことではないと思っています。これも、最高の医療陣が最善を尽くしてくださっているという安心感、全国の多くの方々からの、心のこもった応援のメッセージ、そして、静かで、ゆったりできる個室でのアメニティの高い入院生活。そういった極めて恵まれた条件が整っているからだろうと、すべてのことに感謝したい気持ちです。その中には、妻の献身的な支えもあります。

中山むつ枝さんと一緒にお見舞いに来られた残間里江子さんが、その日のブログに書いたものを引用する。外からは、こんなふうに見えるんだと、私にとっても貴重な情報である。

夕方、ちょっと時間が出来たので、ナカヤマと一緒に浅野史郎さんのお見舞いに行った。見た所はとても元気そうで、仕事から離れているせいか顔つきが穏やかになり、これまで四角イメージだったのが丸いイメージになり、病人という感じはしない。square face から round face に。私の仲間が一人増えたのは嬉しい。

入院してから四週間が経つが、浅野さんはやはり「勉強の出来る優等生」だったのだと、改めて思い知らされる。とにかく研究熱心な患者なのである。主治医が説明する病状や治療法を理解・分析し、投薬されている薬品の名前を諳《そら》んじ、どこまでも冷静に病気と対峙している姿は、見事だと思う。さらにお世話になるからには「当然のこと」と、医師と看護師さん全員のフルネームを覚え、日々真面目な「患者道」を邁進している。

これなら、大丈夫！きっと治る。ナカヤマと二人、「早く三人でお酒が飲みたいね」と言いながら、浅野さんの快復を祈念して、遠くに病院の灯が見える居酒屋で、謹んで（？）乾杯をした。

化学療法の1クールが終了したところで、無菌室に移動した。抗がん剤が効いて、白血球が減少し、免疫力が大きく低下している。感染症を防ぐ必要があるので、血液中の好中球（細菌を殺す役割を持つ成分）が五〇〇以下になると、無菌室移動を命じられる。

無菌室では体調不良だった。舌の腫れが最大の悩み。それ以外にも、腹痛、吐き気、発熱が少し。味覚障害、舌の腫れがある中で、無菌室で加熱食を食べるのは、苦痛である。これがつらい。その後、免疫力が回復し、一週間で無菌室から出た。入院中の無菌室生活は、この一回だけ。この頃には頭髪の抜けが加速し、頭の地肌が透けて見える冬木立状態。抜けないで、わずかに残っている髪を「けなげ」と呼ぶ。いとおしい。

札幌から、介助者を連れて、車椅子に乗った小山内美智子が見舞いに来た。一年前には、私のほうが、悪性リンパ腫を発症した小山内を札幌の病院に見舞ったのだが、今度は立場が逆転である。私が見舞いに行った時には、「身体中にがんができているのよ。悪性リンパ腫の中でも一番悪性が強い第Ⅳ期」と聞いて、驚き、心配したが、小山内は、そこから見事に回復した。食事、排泄にも介助が必要な障害者が、がんで入院したらどんなに大変か、障害者のことを何も知らない病院とどう闘ったかを、小山内にとって一二冊目になる著書に生々しく記録している。その著書『わたし、生きるからね』(岩波書店)の本の帯に推薦文を書いた時点では、私自身が血液のがんになるとは思ってもみなかった。

その後、私が退院してからであるが、「障害者運動をたたかってきた脳性マヒの女性と行政マンの四半世紀にわたる友情。そして今、命に関わる病と闘う二人の心の交流をみつめます」という説明がついて、「あなたが心の道しるべ～小山内美智子と浅野史郎～」という番組がＮＨＫで放映されたのは、二〇一一年七月二〇日のことだった。

小山内美智子は、北海道のトマトジュースを持ってお見舞いに来てくれたのだが、缶切りがなかったので、すぐには飲めなかった。飲んでみたら、とてもおいしい。小山内が、入院中にものを食べられない時に、このトマトジュースだけは飲めたというが、納得できる味であった。あとで、小山内に御礼の電話をした時に、「どうして看護師さんに、開けてくれと頼めないの。介助を受ける側の技術はまだまだね」と苦言を呈された。

大失敗とさまざまな苦難

治療は順調に進んでいたが、大失敗もあった。病院で寝てばかりいると、筋力低下を招く。スクワット五〇回を病室で続けていた。八〇歳超の森光子さんだって、毎日、何百回ものスクワットをやっている、俺だって、負けていられない。そのがんばりがよくなかった。八月五日、右ひざに痛み。それまで一週間続けて、一日五〇回のスクワットをやっていたが、それが無理だった。レントゲンを撮り、整形外科の先生に見立ててもらったら、右ひざの剝離骨折という診断。手術とか、特別な治療は必要ないが、一カ月は安静が必要とのこと。剝離骨折はショックだったが、この程度のスクワットで骨折するというのが、もっとショックだった。

大野医師もこの剝離骨折にはがっくり。次週予定の脊髄への注射の際に、海老のように丸まった格好をしなければならないのだが、膝が曲がらないので、それもできない。骨髄移植までに、筋力が大幅に弱まることもマイナス材料。治療には身体全体を最善の状態にして臨むべきなのに、剝離骨折は、大きなマイナス材料になる。化学療法をしていると、治りが相当遅くなるということも、爪やひげの伸び方がぐんと落ちていることから推測できる。泣き言を言いたくなるほどに、結構、重大な事態である。

そんな中、治療とは別に、ＡＴＬの患者として気になっていたのが、骨髄移植のドナーがみつかるかということである。早い時期に、私とＨＬＡ（ヒト白血球抗原）の型が、相当程度合致する人が三〇人程度いることはわかっていた。ＨＬＡの型には、血清型と遺伝子型がある。遺伝子型の検査では、血清の抗原抗体反応で認識される、白血球の膜に存在するＡ抗原、Ｂ抗原、Ｃ抗原、

DR抗原を遺伝子レベルで調べる。それぞれの抗原は、父親由来、母親由来の遺伝子から作られるので、各二個ずつ存在する。「HLAの型が合致する」というのは、ドナーのA、B、C、DR抗原が患者の型と一致しているということである。

患者とドナーの間の組織適合性(抗原の一致度)が「相当程度の合致」程度では、骨髄移植はうまくいかない。だから、完全合致のドナーがみつかることを心待ちにしていた。八月一五日、朗報は大野先生からもたらされた。「ドナーがみつかりました。HLAの型は、血清型で一致し、遺伝子型も含めて4座×2、完全に一致しているということです」。一緒にいた光子とともに、喜んだ。これで、骨髄移植が受けられる。大きな関門を突破したのである。

この後、非結核性抗酸菌肺炎(MAC)を発症したらしく、炎症反応の値が上がり、熱も出た。「らしく」と書いたのは、いまだにこの辺が不明だからである。ATL発症前から、非結核性抗酸菌の保菌者であることはわかっていた。これが、免疫力の低下によって活性化したらしい。それが治まったら、腸閉塞の症状が出た。これが腸閉塞なのか、だとしたら原因は何なのか、わからないままに治ってしまったが、一時は下痢、腹痛がひどく、苦しい思いをした。

抗がん剤による化学療法が終了し、体調も戻ったので、いよいよ骨髄移植を受けるためのがんセンターへの転院が日程に入ってきた。骨髄移植は、まだ臨床試験の段階である。骨髄移植を受けるにあたって、「臨床試験への協力同意書」に署名することが求められる。正式には「成人T細胞白血病リンパ腫に対する非血縁間同種骨髄移植における骨髄非破壊的処置療法の安全性を検討する第I相試験の説明同意文書」というもの。「骨髄非破壊的処置療法」というのは、ミニ骨髄移植のことである。

東大医科研の内丸薫医師から、入院中の私に、詳しい、わかりやすい説明があった。被治験者である患者は、この処置による危険性についても十分理解し、納得した上で署名をする。「移植後三カ月以内に発症するＧＶＨＤ（移植片対宿主病）が重症になると患者は死に至ることがある」、「移植後の高度の免疫抑制状態では、日和見感染症を起こし、重症化すると患者が死に至ることがある」、「アデノウイルスやヘルペスウイルスによる感染症が重篤な場合には死に至ることがある」、「腎不全で患者は死に至ることがある」。こういう説明が延々と続く。「わかりやすい」というのは、「死に至ることがある」というメッセージがよくわかるということでもある。

こういう説明を聞いて、めげない患者はいるだろうか。骨髄移植の日程が間近になって現実味が生じたところで、こういう説明を聞くので、骨髄移植治療の大変さに思いをいたすことになる。

入院してから初めて気弱になった。考えることはいろいろあり、たとえば、家族などに言い残すことなどについても考えたりするのだが、そんな、死を前提としたことを考えること自体が心を萎えさせる。これでは精神の安定が得られない。そこで得られた結論は、今は、骨髄移植を乗り切るという戦いに勝つことだけを考えようということ。うまくいかなくて、そこで命を落とすとしても、そのときはそのときである。それにあらかじめ備えるということは、一切しないことにした。意気地がない自分であるので、こういう闘う姿勢を保ち続けなければ、精神的に参ってしまいそうである。そこまで考え至って、戦意回復。精神安定。

最大の決戦、骨髄移植へ

平成二一(二〇〇九)年一〇月一五日(木)国立がん研究センター中央病院に転院。東大医科研での入院生活は四カ月余だった。転院前日には、お世話になった医師、看護師全員にTHANK YOU CARDをお渡しした。東大医科研での入院生活は万全だった。優秀で熱心な医療スタッフに支えられ、安心して気持ちよく入院生活を送ることができた。そういった感慨にふける一方で、気持ちはがんセンターでの戦いに向いている。改めての「いざ出陣」、ともかくこの戦いに勝利すること。

転院前夜に大野先生と、光子も交えて話をしたが、大野先生のメッセージが「大丈夫、必ず治る」というものだったので安心できたし、勇気ももらった。内丸先生は「入院中はいろいろあったが、結果としていい状態でがんセンターに送ることができた。東大医科研からがんセンターに送って骨髄移植を受けた患者の成績はとてもいい」と言ってくれた。これにも勇気を与えられた。

がんセンターへ転院。さまざまな検査をし、体調が順調なのを確認して、無菌室に入り、骨髄移植の前提としての前処置が始まる。前処置をしたら、後戻りはできない。いよいよ、今回の闘病の一番大きな決戦に臨む。

田野崎医師、朝倉義崇医師から、骨髄移植についてのオリエンテーションがある。「移植により、致死的な合併症が一〇ないし三〇%出ることをご了承ください」という文面の同意書に署名した。一〇ないし三〇%は確率として高いのか低いのか、自分の場合は、どちらのほうの割合に入るのか、そんなことを考えても仕方がない。田野崎先生に言われたことだが、気力をしっかりと保つこと、体調が悪くても寝たきりにならないこと。これが患者としての最低限の使命としてきっちり守ることを胸に刻んだ。

説明を聞いたときの心構えを日記に書いている。

信じることも大事。悪い情報は、なるべく聞かないようにしている。そして、自分の病状のよさ、そして何よりも今の医学のレベルと医師を信頼することである。その他、「どうしても生き延びたい」という執念みたいなものがないから、不安がないのかもしれない。不安に思おうと、安心していようと、純粋医学的には結果は変わらない。いや、純粋医学的にいっても、患者の平穏な心のありようは治療上、予後の上でも、プラスの要素であるだろうとは思っている。

骨髄移植を目の前にしたこの頃、厚生労働省の村木厚子からメールが届いた。理不尽にも逮捕され、さらに理不尽にも五カ月以上も勾留されていたのが、やっと保釈が認められて自宅に戻った。私の場合は、ＡＴＬという厄介な病気、どちらも過酷な運命に見舞われた。村木が大変な日々を過ごしている時に私が送った応援メールに対しての本人からの感謝のメールである。こういうメールをいただくと、「同病相憐れむ」の感じがしてくる。

ついに、骨髄移植の日がきた（ドナーから見て、患者が特定されるおそれがあるので、何月何日とは記さない）。

骨髄移植は、その語感からすると大変なようにも思えるが、実際は輸血と変わらない。手術ではなく、点滴と同じである。痛くもかゆくもないし、危険もないから不安もない。四〇分ほどで終了。

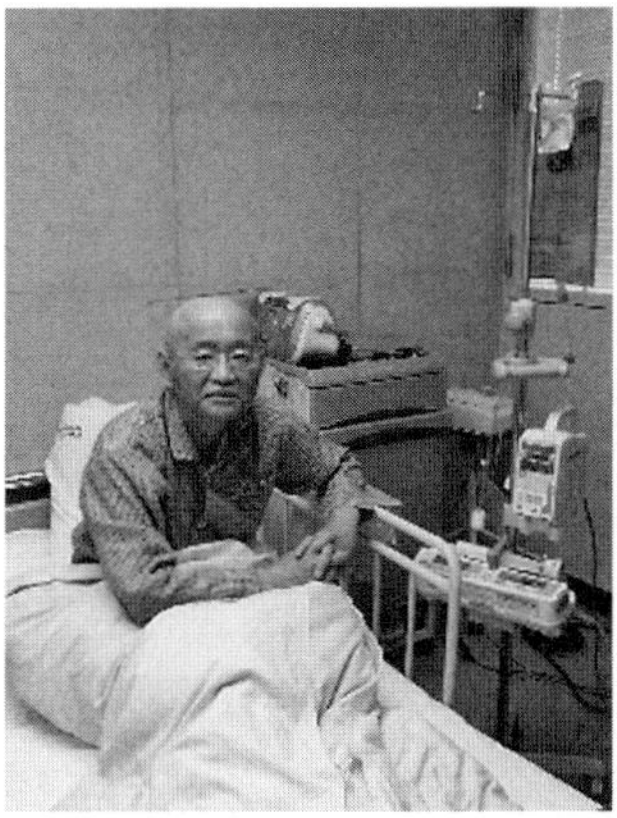

骨髄移植後，生着して移植が安定した頃

大変なことがあるとしたら、それは骨髄移植が終わったところから始まる。「骨髄移植により、一〇%ないし三〇%の致死性の合併症が生じる」との、骨髄移植を受けるにあたっての同意書の記述にあるとおりである。

骨髄移植から一週間経った頃から、体調が悪くなった。胃と肺に痛みがある。結構強い痛みで、塩酸モルヒネの点滴までしたが、それでも痛みは去らない。光子にびっくりされるぐらいの顔のむくみ。食欲低下、軽い口内炎と吐き気。便秘が三日。これによる腹痛。頭髪は全部抜けた。むくみで丸くなった顔と毛のない頭、「お地蔵さんみたい」と妻に言われた。ところが、クリスマスの日、体調がいっぺんに良くなった。お地蔵さんが、イエス・キリストの誕生日にもらったプレゼントのようなものである。

骨髄移植後の体調不良も、「想定内」（医師団の見解）にとどまり、また、早い時期に治まった。ドナーの血液幹細胞が患者の体内で正常に血液を作れるようになるのが「生着」であるが、その生着も二週間で確認された。ここまで、骨髄移植は順調な経緯をたどった。後は、体調のさらなる安定を待って、退院ということになる。

退院後に味わった人生最大の痛み

平成二二（二〇一〇）年二月三日退院。東大医科研附属病院、がんセンターに入院の間、一度も帰らなかった横浜の自宅に八カ月ぶりで戻った。

退院にあたって、田野崎先生に訊いた。「先生、マラソンでいったら、退院のこの時点は、何キロ地点なのでしょうか」。「一〇キロ地点ですね」。ゴールを前にした三五キロ地点と思っていたので、びっくり、がっくり。この病気は、これからが長い、そういう特殊な病気なんだと、改めて身を引き締めることになった。

以下は、友人たちへの退院報告である。

今回の私の病気（ATL＝成人T細胞白血病リンパ腫）のことに関しては、大変ご心配をいただきました。おかげさまで、その後順調に治療を終えて、先日、二月三日に退院し、八カ月ぶりに横浜の自宅に戻ってまいりました。この間の、皆様からのお励ましに心から感謝を申し上げます。

この病気の性格上、退院ですべて憂いなしということにはなりません。高い確率で再発の可能性がありますし、GVHD（骨髄移植に伴う拒絶反応）の発生の可能性はまだまだ続きます。それを抑えるために、免疫抑制剤を今後一年ほどは服用し続けなければなりません。無理やり免疫力を低下させるのですから、感染症が発症するリスクが高くなります。主治医からは、自宅でも入院中のつもりで、気を緩めずにいてくださいと言われています。

こういったことはありますが、心配ばかりしていても仕方がありません。この戦いに必ず勝つという信念を持ちつつ、前向きに対処していきたいと考えております。

田野崎先生が言われるとおり、退院してからも、何が起こるかわからない。その年の五月には、肺にGVHDが出て、古巣のがんセンターに五月五日から六月一一日まで入院。九月に同じような症状で、九月一七日に入院。退院は一〇月二一日。

一一月初旬、膀胱炎を発症した。ステロイドの服用を続けているので、免疫力が下がっている。そのため、自分の中にあるアデノウイルスが活性化して、膀胱炎を起こした。細菌性ではないので、抗生物質が効かない。痛みがひどく、頻尿が止まらない。一一月一五日、がんセンターに入院。この年三回目の入院である。ともかく痛い痛い。導尿管挿入時の痛みは想定外。人生最大の痛みである。

今までの闘病は、闘病という語感とは遠いもので、病気そのものからくる苦痛とは無縁であり、抗がん剤の副作用、骨髄移植後のGVHDもひどい苦痛を伴うものではなかった。膀胱炎になって、初めて闘病を実感した。こんな闘病状態が長く続いたら、心身ともに参ってしまうだろう。それまでの闘病では、強気、前向き、楽天的だった姿勢が、この膀胱炎の際には、弱気、後ろ向き、悲観的になっていた。これではいかんと、「前向きに、前向きに」と声に出して、自分を何度も叱咤激励した。

幸いに、膀胱炎による痛みは入院後五日で解消。それからは順調な回復ぶりで、一二月七日に退院した。この膀胱炎の一カ月は、痛み、苦しみということでは、今回の闘病における最高、最大のものだった。患者の立場からはそういうことだが、医師から見ると違う。膀胱炎の痛みを訴える私に田野崎先生が言ったのは「治療法はない。水を摂取して、ウイルスを外に出すだけ。でも、命には別状はないから」。確かに、命に関わるほどのものではないが、患者としては「死ぬ思い」である。ＡＴＬという大変な病気に罹った。その闘病が、ここまでは順調で、心身とも安定を保っていた。「楽なもんですよ」というのはホンネであり、強気でもええかっこしいでもないのだが、そういう言葉と態度が、病気の神様の不興を買ったのかもしれない。膀胱炎は、そのばちが当たったということだろうか。

被災地へのメッセージ

退院後の生活を、自宅でのんびりと過ごしていた二〇一一年三月一一日。横浜の自宅のトイレを使って、洗面所で手を洗おうとした時に、立ちくらみがした。身体がぐらぐら揺れる。病後の身体で筋肉が弱っているせいかと思ったが、五秒後には、「地震だ、大きな地震だ」と気がついた。

すぐにテレビをつけて、ＮＨＫの地震のニュースを見た。リアルタイムで入ってくる映像に息を飲む。大津波が、知事時代に何度も訪れた街を襲う様子が信じられない。多くの人命を奪い、住宅を破壊し、車も船も押し流した巨大津波。そこに、福島原発事故のただごとではない状況を伝えるニュースが飛びこんでくる。

翌日、三月一二日の日記。

一日中テレビにかじりついて、東北地方太平洋沖大地震の報道を見ていた。「女川町は壊滅状態」、「気仙沼市も壊滅状態」という映像を見て、胸がつぶれる思いである。

まずは、生命を守ることであるが、壊滅状態の町の様子を見ると、一体、どうやって復興するのか、気が遠くなる。差し迫って、避難所での生活で、物資が足りない、寒さが厳しい、水が、食料が、医薬品が不足している状態をどうするか。電気やガス、水道といったライフラインも止まっている。病気の人やお年寄り、乳幼児は、特に、どうやってここ数日を乗り越えたらいいのか。

「3・11以前」と「3・12以後」では、我々日本人全体として、生活も、意識も、社会のありようも、政治のあり方も、大きく変わることを予感する。ともかく、この国難を乗り越えなくてはならない。人間同士の支援と連帯を強固にしなければならない。

その過程を通じて、我々日本人の文化の高さ、気高い人間性、不屈の精神、互いの思いやり、そういったものを内外に示していくことには、大きな意義があるし、そうでなければ、この国難は乗り越えられないだろう。「災いを転じて」ということが、振り返って言えるようになる日を夢想しながら、今、それぞれができることを考えなければならない。

東京電力福島第一原子力発電所の事故が、大変な事態に発展しそうな可能性がある。なんとか、最小限の被害で済んでくれればいいのだが。祈るような気持ちである。今の時点では、当局による適時的確な情報提供が、最も大事である。

私のふるさとであり、母親、姉、親戚、知人、友人がたくさん住んでいる宮城県が大きな被害を受けた。一二年間、知事を務めたところである。すぐにも駆けつけていきたかったが、病後の身体では、とても無理である。感染症が怖いので、主治医の田野崎先生からは被災地行きの許しが出ない。現在に至るまで、被災地に一度も足を踏み入れていないことに、忸怩《じくじ》たる思いである。被災地には行けないが、被災地にメッセージは届けたい。あきらめないで欲しいということが、まず第一。家をなくし、家族をなくし、働く場をなくし、となれば、絶望感に打ちひしがれるのはあたりまえではある。しかし、未来はある。復興は必ずできる。そう信じることが大事。「根拠なき」かもしれないが、「成功への確信」を持って欲しい。

多くの人が支援していることも忘れてはならない。実際に被災地を訪れて力を貸してくれたボランティアなどだけではない。足は運ばなくとも、被災地のことを心から心配し、心を寄せている大勢の人がいることも、ぜひ、心に留めておいて欲しい。復興への挑戦は戦いの要素もある。自分たちだけで闘うのではない。多くの人たちが、金銭的に、肉体的に、精神的に支えていることは、被災者に大きな力と勇気を与えてくれる。

同じような時期に、私もＡＴＬ罹患という大変な災厄に見舞われた。あきらめずに闘う姿勢を保ち続けたことで、災厄を災厄だけで終わらせず、寄り添うことができる運命と受け止めることができた。道は開けるのである。

平成二三(二〇一一)年は、病気に関しては平穏無事に推移した。五月には、慶応大学SFCへの復帰を果たした。三月一一日に東日本大震災が発生し、SFCでの学期開始が一カ月遅れになって、私の復帰も四月から五月にずれこんだ。

二年ぶりのキャンパスは変わっていない。当時一年生、二年生だった学生が残っている。彼らが私の復帰を喜んでくれた。変わったのは、私の頭髪だけ。頭髪がないと老けて見える。「急に年をとったようで、ショックでした」という正直な学生もいた。授業担当は、病気前の半分のノルマにしてもらった。授業ができること、学生と語り合えること、素直にうれしい。「病気から回復してよかった」と毎回感動しながらの大学通いである。

現在も、毎週一回、がんセンターで外来受診している。軽いGVHDが発症することはあるが、おおむね順調。マラソンでいえば、今はどの地点なのか、田野崎先生に確かめてはいないが、「完治」のゴールは目の前だと確信している。

第5章　病気が与えてくれたもの――「チャレンジド」の一人として

「さあ、これを撥《は》ね返してごらん」

今の私は、感染症に留意した生活をすることを除いては、普通の生活に戻っている。ＡＴＬという致死性の高い、厄介な病気を克服したという実感はある。「この病気と闘うぞ、必ず勝つぞ」の決意表明ならぬ「予言」で始まった闘病である。予言どおり、戦いでの勝利を手にしている。その戦いを通じて、心身ともに安定を保っていた。病気発症の時に、高齢による身体の衰えがなく、心臓病、糖尿病などの持病も抱えておらず、ジョギングで鍛えた頑健な身体だったことで、厳しい治療に耐えられた。病気になったことは不運だったが、発病以後は、すべて幸運がついて回った。

なによりも、治療に伴う不安、懊悩《おうのう》から無縁でいられたことは、患者としては実に幸運なことである。精神的な安定がどうして得られていたかを考えると、「運命」ということに行き着く。幸運だ、不運だということを超越した、運命そのもの。人生の中では、いい運命か悪い運命かにかかわらず、「これは運命だ」ということが、何度か降りかかってくるものである。運命なのだから、下手にじたばたしても仕方がない。「運命には逆らえない」という諦観ではなく、運命に寄り添い、運命と折り合いをつける。私の場合、病気になるまでの人生の中で、そういった運命を感じることが何回かあった。そのことがあったから、ＡＴＬという厄介な病気の発症を告げられた時に、それを運命として受け入れ、それに沿った心の準備と対処ができた。

運命の自覚と神の存在の予感とは、関係がある。厚生省の人事異動で、障害福祉課長への異動内示があった時には、「神様はいるんだ」と思った。障害福祉との出会いは、その後の私の人生を変えた。それが運命である。

ＡＴＬの治療で病床にある時に、自分は「Challenged」だと認識し、そのことから勇気をもらった。ナミねえ、竹中ナミから聞いた言葉である。「アメリカでは、『障害者』に代わる用語として、“The Challenged”が使われているんやで」と教えてもらったのは一〇年以上前のこと。神様から「こういう障害を与えるから、これを撥《は》ね返してみなさい」と挑戦を受けている人という意味である。障害者を不運な人、かわいそうな人と見るのではなく、神様に選ばれて、挑戦を受けた人と見る。何よりも、障害者に勇気を与え、誇りをもたらす。

「障害者」を表す言葉として、Challengedの用語法はアメリカでは一般的ではなく、むしろ避けたほうがいい用語とされているらしい。そうだとしても、これを日本だけでの使い方として採用するのは許されないだろうか。なぜなら、この用語が、「不運」と思われる人に勇気を与えるから。その一人が私である。

病床にあって思った。ＡＴＬに罹患したことは、残念なことである。不運といえる。しかし、それだけではない。自分は、The Challengedの一人である。ＡＴＬという大変な病気を神様から与えられて、「さあ、これを撥ね返してごらん」と挑戦されている存在である。病気と闘う勇気が湧いてきただけではない。病気になったことの意味があるはずだ、神様から使命を与えられたのだということを信じる気持ちも湧き上がった。

「使命」、大きな不幸に襲われた「意味」を意識する時には、ふだん信じていなくとも、神様が持ち出される。これは、福島智さんの場合も同じだったことを知った。福島さんは、九歳で視覚を失い、一八歳で聴覚を失った盲ろう者である。現在は、東京大学教授。慶応大学の私の福祉ゼミにゲストとして二回おいでいただいた。その福島さんが、一八歳で聴力を失ったすぐ後に、友人に送った手紙の一節。

　この苦渋の日々が俺の人生の中で何か意義がある時間であり、俺の未来を光らせるための土台として、神が与えたものであることを信じよう。信仰なき今の俺にとってできることは、ただそれだけだ。俺にもし使命というものが、生きるうえでの使命というものがあるとすれば、それは果たさねばならない。そして、それをなすことが必要ならば、この苦しみの時をくぐらねばならないだろう（「致知」二〇一一年一二月号インタビュー記事より）。

福島さんの苦悩の深さは、私とは比べものにならない。その苦悩の中から出てきた魂の叫びを感じる。

村木厚子さん――「チャレンジド」同士の再会

平成二一(二〇〇九)年六月一四日、私が入院して一〇日目、厚生労働省の村木厚子雇用均等・児童家庭局長が虚偽有印公文書作成・同行使容疑で大阪地検特捜部に逮捕された。「郵便不正事件」がらみである。障害者問題の集まりで、村木とご一緒する機会が多く、熱心に障害福祉に取り組んでいた姿が印象に残る。障害福祉関係者の期待と信望を集めていた。障害福祉の仲間として、「本物だ」と思っていた。そんな村木が、虚偽公文書作成などするはずがない。動機もまったくない。だから、逮捕は衝撃であり、不可解であった。村木を有罪と決めてかかっているようなマスコミの報道ぶりには、怒りを覚えた。

田島良昭が中心になって、「村木厚子さんを支援する会」が立ち上がり、堂本暁子・前千葉県知事、住田裕子弁護士などとともに、入院中の私も名を連ねた。竹中ナミは、村木の裁判を毎回傍聴し、親身になって支援し続けた。そういう支援者が他にもたくさんいる。

村木は、検察による理不尽かつ執拗な取り調べにも屈することなく、自分の無実を主張し続けた。五カ月以上に及ぶ勾留に耐え、平成二二(二〇一〇)年九月、裁判で無罪を勝ち取った。

一年半ぶりで職場復帰を果たした村木が、私の横浜の自宅を訪れた。NHKの番組の企画で対談をする。玄関で村木を迎えたら、思わず、涙声になってしまった。なつかしさだけではない。同じ時期に、過酷な運命に見舞われ、それを撥ね返した者同士の共感の涙だった。この時の対談を中心にした番組が、ETV特集「二人のチャレンジド~浅野史郎と村木厚子」として、二〇一一年五月一日(日)に放映された。

NHKによる番組紹介では、こうなっている。

(前略)二人はそれぞれ厚生省、労働省に入省し、障がい者問題をライフワークとしてきた旧知の仲。くしくも、二年前の六月、浅野が入院した直後、村木は無実の罪で逮捕された。障がい者の就労支援に尽力してきた村木の誠実な仕事ぶりを知る浅野は、当初から無罪を信じ、病床から支援のエールを送り続けた。

二人が共通に唱える障がい者を示す言葉が「チャレンジド」。障がい者を単なる〝弱者〟としてではなく〝神から試練を与えられた者〟ととらえる考え方だ。これまで行政側から「チャレンジド」を応援する立場だった二人は、五カ月に及ぶ無実の拘置所生活や、死と隣あわせの闘病生活を、自らに与えられた「チャレンジ」としてとらえ、苦しい時期を乗り越えた。番組では、二年ぶりに二人が再会する場に立ち会い、思いあふれる二人の対談を収録。二人はいかに試練を乗り越えたのか？　二人の現在の心境を存分に語り尽くす対話ドキュメントを通じて、数多くの「チャレンジド」たちに勇気を与える言葉を届けたい。

支援者たち、そして妻の支えがあってこそ

村木の戦いと私の戦いに共通しているのは、他にもある。支援してくれる人の力である。障害福祉の仲間は、私と村木とで共通の友人・知人が多数いた。孤立無援の戦いをしているのではないと実感できることは、大きな勇気を与えてくれる。支援者も一緒になって闘っていることが、

どれだけ励みになったことか。

闘病中の支援のこと。支援したいといっても、具体的に何をしていいかわからない。田島良昭は、「骨髄バンクドナー登録運動」を始めた。仙台で開催中の「とっておきの音楽祭」で、登録者を募った。賛同して、登録する人が大勢出てきた。SFCの学生もドナー登録をしてくれた。登録者が増えれば、私とHLAの型が一致するドナーがみつかる確率が高くなる。そのこともあるが、「そこまでやってくれるのか」ということに、感謝し、感激する。勇気を得る。

仙台のメンバーは「シローと夢トーク」の特別リバイバル番組を作ってくれた。何度も見舞いに来てくれた丹野道子が音頭を取り、番組構成を仙台二高同級生の菊地昭典が担当。実際に番組を編集するのは、仙台FMラジオ3の佐藤研。この三人が病室にやってきて、私の三分間のメッセージの分を収録していった。使用する高価な録音機は、仙台二高同級生の安藤裕、菊池繁信、菅原康二らに提供してもらい、広告提供は丹野道子と、同じく同級生の松岡邦明が引き受けてくれた。番組では私への激励メッセージ、骨髄バンクへの登録のお願いなどがあった。知事時代に毎週放送していた「エルヴィス・プレスリーの曲しかかけない、エルヴィス・プレスリーの曲の話しかしない」究極のオタク番組「シローと夢トーク」の再現である。これに続いて、私が病室からしゃべりまくる第二弾も放送した。大好きなエルヴィスの番組でDJを務めて免疫力がすごくあがった気がした。仙台の仲間に感謝、エルヴィスとの出会いに感謝。こういった場面でも、中学三年生で出会ったエルヴィスが登場してくる。

全然面識がない人たちからも、応援のメールが送られてくる。「夢らいん」と名づけたホームページで「ジョギング日記」を続けているが、それを見て私の闘病を知り、「夢らいん」を経由してメールを送ってくる。こちらからは、その方々への報告の意味もあり、「夢らいん」で定期的に入院中の様子を載せた。こういう「情報公開」が、支援につながることを知った。

支援で最も大きいのが、家族からのものである。特に、妻の支援は直接的なものであり、その支援がなければ治療そのものが成り立たなかった。そもそも、私がＨＴＬＶ－１陽性であることを知った妻が、強引に東北大学病院での受診に引っ張っていくことがなかったら、ＡＴＬ発症に気がつかないままに、手遅れになっていたはずである。

ＡＴＬ発症の告知を受けた時に一緒にいたのも妻である。外来受診をしているときから、いろいろな資料を調べて、ＡＴＬの厳しさ、怖さを十分に知っていた妻とすれば、告知を私以上に重く受け止め、目の前が真っ暗になったらしい。そんな心の動揺を表に出さずに、平然として私の傍にいてくれた。「病気と闘うぞ。支えてくれ」と妻に頼んだところから、闘病が始まった。取り乱すことなく、異常に興奮するでもなく、いわば平然と、しかし毅然として闘争宣言を発することができたのは、告知の際の心の乱れが治まっていたからである。妻の落ち着きが、私の心をも落ち着かせた。度胸が据わった妻の存在は効果絶大である。何よりも、闘病を二人三脚でやっていくことが確認できた。こういうのも戦友というのかもしれない。

入院中は、横浜の自宅から一時間以上かけて、ほぼ毎日やってきて、シャワーの介助、洗濯、食べ物や日用品の差し入れなど、身の回りのこと一切のめんどうを見てくれた。そういった妻の献身もありがたいが、それ以上に、心の支えになってくれるのが大きい。強がりを言っているが、患者としては不安になることもしょっちゅうである。そんな時には、妻が傍にいて、話を聞いてもらうだけで心が落ち着く。膀胱炎による頻尿と痛みが耐えがたいほどになった時には、さすがに泣き言を漏らした。妻の「大丈夫だから、必ず治るから」の励ましに救われた。それから何時間か眠ることができた。

闘病の始めから今に至るまで、妻の支えがなければ、乗り切れなかった。心を平静に保って治療に専念できたのは、妻のおかげである。この妻がいてくれてよかった。これも運命である。妻とは出会いというよりは見合いなのだが、それも運命。幸運である。

ドナーと寄り添って、これからも生きていく

治療を直接支えてくれたのは、優秀で熱心な医療スタッフである。Right Persons に出会うことができたのは、今回の闘病を通じての最高の幸運である。そして医療スタッフ以外で、私の治療を支えてくれた以上に、命を救ってくれたのが、骨髄移植のドナーである。関東在住の四〇代の男性ということと血液型しかわからないドナーに、どれだけ感謝しているか。お会いして、直接御礼を申し上げたいのだが、「骨髄移植のドナーと患者は、お互いに特定できない関係で」という厳格なルールがあり、それが叶わないのが、なんとも残念である。

「骨髄移植」の文字面だけ追うと、心臓移植の類推で、ドナーから取り出した骨髄を患者の身体に埋め込む手術と誤解されてしまう。実態は、先ほども書いたように、骨髄そのものではなく、ドナーの骨髄液を患者の血管に注入するもので、手術は要しない。患者はふつうの輸血の場合と

同じように、ベッドに寝たまま、点滴の要領で血液が体内に注入されるのを眺めている。痛くもかゆくもない。怖くもない。私の場合は、四〇分ほどで終了した。

ドナーはこれほど簡単ではない。骨髄液は注射器で採取される。骨盤の背中側の腸骨に皮膚の上から専用の注射針をおよそ一〇〇カ所刺して吸引する。全身麻酔下での施術だから痛みは感じないが、一～三時間かけて太い注射を一〇〇本刺されるのは、ドナーにとって大変な負担である。施術する医師の負担も大きい。日本骨髄バンクではドナーの死亡例はないが、過去にはドナーに健康上の被害が生じた例もある。

患者は、移植の前処置として抗がん剤を投与され、放射線照射も受ける。骨髄が破壊され、造血機能は失われる。移植日に、ドナーの健康状態によって骨髄採取中止となれば、造血機能を失ったままの患者は助からない。事前に風邪など引かないよう、健康状態の保持に万全を期さなければならないドナーの責任は重い。精神的にも重圧である。採取後は、二、三日の入院も必要であり、仕事をしている人には時間的負担も大きい。

患者としては、ドナーの負担の大きさを知るからこそ、ドナーの無償の行為がありがたい。究極のボランティアである。「ありがとう」、「ありがとう」と口にも出し、心の中でも何度も思った。

移植コーディネーターが教えてくれた。骨髄採取が終わると、ほとんどのドナーが「ありがとうございます」と言葉に出す。「ありがとう」と言うべきなのは患者のほうなのに、ドナーが感謝するというのはどういうわけだろう。これも移植コーディネーターから聞いたことであるが、

「人生の中で、誰か一人の命でも救うことができれば」という思いでドナー登録をする人が多いとのこと。ドナー登録をしても、ＨＬＡの型が合致する患者がみつかって実際にドナーになれるのは、何十人に一人である。登録した時の願いが叶って、骨髄提供ができたということで感謝の言葉が出るのだろう。骨髄バンクの登録者は四〇万人。それだけの人がいる日本は捨てたものではない。

平成二三(二〇一一)年一二月一七日、骨髄バンク設立二〇周年記念式典で聞いた話が心に残る。ドナー経験のある四人と、移植を受けた患者四人による意見発表の場である。二回ドナーになって、三回目を待っている人がいた。患者からの感謝レターを財布に入れておくというドナーは、それを取り出して読むたびに感激の涙にむせぶという。「ドナーと患者は遠い昔の親戚同士」という言葉を聴いて、はっとした。ＨＬＡの型が同じということは、血縁でつながっていることを示唆する。「そうか、私もまるっきりの他人から移植を受けたのではなく、遠い昔の親戚とここで出会ったということなのか」と、骨髄移植の持つ意味の深さに粛然となる。

ＧＶＨＤは、ドナー由来のリンパ球が、敵であるがん細胞をやっつけた後に、私の正常細胞にも攻撃して発症する免疫疾患である。私の場合、それが肺炎という形で、時々出てくる。厄介なことだが、一方で、そのリンパ球の働きがＡＴＬの再発を抑えているという効果もあるので、一概に厄介とだけはいえない。骨髄移植によって、血液型がＢ型からドナーの血液型に変わった。ドナーが他人だとは思えない。ドナーの血液が私の中を流れていることを意識しながら、ドナーと寄り添って、これからも生きていく。それが運命であり、喜んで受け入れたい。

病気になって得たもの

闘病も後半戦に入り、回復のゴールが見え始めた頃から、自分がＡＴＬという病気に罹ったことの意味を考えるようになった。退院してからのことだが、平成二二（二〇一〇）年九月八日、首相官邸に陳情に赴いた。その様子を、その日の日記から引用する。

総理官邸に陳情に出向いた。ＨＴＬＶ関連患者団体による陳情で、政府に対して、ＨＴＬＶ－1総合対策を求めるものである。「日本からＨＴＬＶウイルスをなくす会」の菅付加代子代表、「はむるの会」の石母田衆理事、「長崎・佐賀ＨＡＭ患者会ひまわり」西次夫代表、聖マリアンナ医科大学の山野嘉久准教授が出席した。私も、ＡＴＬの患者として出席し、妻は家族として同席した。

陳情には四五分間も時間をとっていただき、菅首相をはじめとする政府要職のメンバーに患者側の話をじっくり聞いてもらった。今までに、私が陳情を受ける機会は何百回もあったが、患者として陳情をするのは、これが初めてである。こういう病気になったからこそ、こんな陳情をしているのだということを、一つの運命と感じながら、テーブルに就いていた。菅首相、仙谷官房長官は、個人的にも親しい仲であったこともあり、私の病気についてはとても心配していただいていた。こんな形で久しぶりにお会いすることになったことについても、特別な感慨がある。

菅首相には、問題の中身を十分ご理解いただき、共感してもらったからだろう、この問題解決のための特別チームを設けることを言明された。菅付さんたちが、自身の大変な身体状況を持ちながら、長い間主張し続けてこられたことが、実現に向けて大きな一歩を踏み出したと言える。これで、ＨＡＭにより身体的、精神的、経済的に大変な思いをしている患者の多くが救われることが期待される。ＨＴＬＶ－１の感染を広げないための妊婦への検診も、進むことだろう。

官邸での要請行動を実現するについては、田島良昭が骨を折ってくれた。陳情の主役は菅付たちであり、私は同行しただけなのだが、その場で「ＨＴＬＶ－１特別対策チーム」の設置が決まるという成果を見て、自分も少しは役に立ったのかもしれないという満足感を味わった。これも、私がＡＴＬになったからこそ果たせた役割である。

退院してから、ＡＴＬについて取材を受ける機会が何度もあった。テレビ番組の取材で、カメラの前で、病気について話す。今まで一般にはあまり知られていなかったＡＴＬについて報道されることが格段に増えたことで、国民の間で、ＡＴＬ、ＨＴＬＶ－１についての関心が高まった。そのことについては、私も一役買ったことになる。

私がＡＴＬと闘い、勝利の道を進んでいることが、同病の患者に勇気を与えていることも知った。「浅野さんは、還暦ＡＴＬ患者の輝ける星です」と言う人も出てきた。「浅野さんがＡＴＬになってくれて、よかった」という言葉は、「テレビにも出る名の知れた人がＡＴＬになったことで、ＡＴＬのことが広く知られることになった」といって喜んでいるのであるから、私が聞いて気を悪くすることはない。「言われてみれば、そういうことだな」と納得である。

病気とともに、神様がくれた使命というのは大げさだとしても、病気が治ったあとに自分としてやるべきことが見えてきた感じはある。使命というと、「果たさねばならない」と肩に力が入ってしまうが、そうではなく、いろいろとやることがある中で、こういうこともやってみようといったたぐいである。ＡＴＬ患者が置かれた立場は、とても頼りない。情報がない、医療機関がみつからない、そもそも診断がつかないままに、治療が手遅れになってしまう。そういう患者を助ける活動をやりたい。老後のやりがいにつながるかもしれない。

還暦を過ぎた身で、やりがいがあることがみつかったのは、病気になったおかげである。悪いことではない。二〇年以上前、ご自身が白血病になり、母親から骨髄移植を受けて回復したことを契機に骨髄バンクの設立に尽力した大谷貴子が、「病気になり損にはしない」と言っていたのは、このことだろう。私の言い方では「転んでもただでは起きない」となる。

鹿児島の菅付加代子は、輸血によりＨＴＬＶ－１に感染し、ＨＡＭ（ＨＴＬＶ－１関連脊髄症）を発症した。ＨＡＭは、ＨＴＬＶ－１ウイルスが脊髄に入り込み神経まひを起こすことで発症する。症状としては排尿排便障害、下肢まひによる歩行障害などがある。菅付の場合、病状が進み今では車椅子頼りの生活である。その菅付が「日本からＨＴＬＶウイルスをなくす会」の代表として、ＡＴＬ患者、ＨＡＭ患者、そして診断は受けていないが病気発症の不安を持つ人たちの相談に応じている。患者を勇気づけ、安心させる。適切な医療機関を紹介するのに忙しい。菅付の助言により治療に結びついて、助かった患者は多数にのぼる。菅付のような働きはできないまでも、私としても、同病の患者にとって頼られる存在にはなりたい。「ATL患者の会」を立ち上げて、ぼちぼちと活動を始めたところである。

病気になって、嘆くだけ、失うものばかりではつまらない。得るものもあると考えないと、二年間の闘病期間が無駄になる。病気と闘っているのを見た人たちから「精神力が強い」、「かっこいい」という賛辞を頂戴するのは、うれしいことである。調子に乗りそうである。

ATL研究がエイズ治療薬につながった

ATLが特別の病気であることを知ることは、ある意味、感慨深い。特別な病気というのは、ウイルスが介在するがんであること。今では、日本人のがんの四分の一にウイルスが関わっていることが知られている。ウイルスが原因ということがわかったのはATLが最初ではないが、トップグループの一つである。ウイルス感染から、ATL発症までの潜伏期間が五〇年から六〇年(私の場合は、六一年で発症)という長さも、特異な病気である。ウイルス感染の大部分は、母親の母乳経由である。ウイルス陽性でも、ATLを発症するのは五%で、大半は、なにもないまま一生を終える。欧米ではATLは少なく、先進国では、ほぼ唯一日本にだけ多い病気である。日本国内でも、九州、沖縄に発生が集中し、「風土病」と誤解された時期もある。

京都大学の高月清教授がATLを発見したのが一九七八年のことである。きっかけは、リンパ性白血病と診断されていた患者の血液検査をしたところ、白血球の中のB細胞ががん化するリンパ性白血病と違い、T細胞ががん化しているのがみつかったこと。その後の調査で、南西日本、特に鹿児島に、こういったタイプの白血病が多いこともわかった。高月教授は、この新しいタイプの白血病をATL（成人T細胞白血病）と命名した。

ATLの原因ウイルスHTLV－1が、日沼頼夫京都大学教授によって分離されたのは一九八一年。ほんの三〇年前のことである。HTLV－1ウイルスは、ヒトのレトロウイルスとして発見された最初のものである。このことが、同じくレトロウイルスが原因の感染症エイズの研究につながる。エイズ治療薬AZTの開発にあたっては、HTLV－1が関与して作られた「テスト細胞」（HTLV－1によりがん化しているために永遠に生き続けるT細胞群のこと）の存在が不可欠であった。MT－1と呼ばれる「テスト細胞」の培養基を育てたのは、三好勇夫高知医科大学教授である。

そもそも、エイズとATLには共通点がある。三〇年前までは、レトロウイルスはネコなど動物でしか確認されておらず、ヒトに存在していることがわかったのは、ATLとエイズが最初である。エイズを起こすレトロウイルスは、白血球の中のT細胞を破壊する。免疫担当細胞であるT細胞が破壊されるので、免疫不全となる。同じレトロウイルスであるHTLV－1は、T細胞をがん化する。結果が免疫不全となるのは、エイズと同様である。

ATLの研究成果がなければ、エイズの発症機序は明らかにならず、治療薬も発見できなかった。日本人学者によるATL研究がエイズ治療薬につながった。私が罹ったATLという病気が、単に、新しく発見された珍しい病気という以上の意味を持っていることを知った。

ＨＴＬＶ－１ウイルスを発見した日沼頼夫教授は、その後も、ＨＴＬＶ－１保有者の追跡調査を精力的に続けた。その結果、ＨＴＬＶ－１キャリアは、日本の南西地方のみならず、北海道にもあり、また、沖縄、足摺岬、室戸岬、紀伊半島、三陸海岸、五島列島、壱岐・対馬などの海岸地帯に集中していることが判明した。ＨＴＬＶ－１は夫婦間の継続的性交渉、母乳により感染することを考えれば、ＨＴＬＶ－１陽性者の分布図から、伝染の径路が推測され、通婚圏、人々の交流の歴史までもが解明される。三好勇夫教授の弟子の田口博國・元高知医科大学教授から聞いた話である。田口教授は、高知県骨髄バンク推進協議会での講演依頼で横浜の自宅に来られた。ＡＴＬの歴史について、こうした経緯も含めて、その折に詳しく教えていただいた。「ＡＴＬは深い、ＡＴＬはすごい。そこに日本人研究者が中心的役割を果たしていたことは知らなかったが、すごいことだ」と感銘を受けた。

ＡＴＬはＨＴＬＶ－１ウイルスによって発症する。ＨＴＬＶ－１の伝染を遮断すれば、ＡＴＬもＨＡＭもなくせる。感染のほとんどが母乳を通じてであるので、ウイルス陽性の母親が子どもへの授乳をやめることにより、ＨＴＬＶ－１を次代に残さずにすむ。「日本からＨＴＬＶウイルスをなくす会」の活動目標の一つが、妊娠時のＨＴＬＶ－１検査を公費負担で実施することだった。我々の陳情・要望を受けて、国は「ＨＴＬＶ－１総合対策」を打ち出したが、その中で、公費負担による検査の全国実施が実現した。

ＡＴＬ根絶への道が開かれた。胃がんはなくせない、肝臓がん発生をゼロにはできない。しかし、ＡＴＬはなくせる。発生ゼロにできる。そういう意味でも、ＡＴＬは「すごい」病気と言えないだろうか。

ＡＴＬの「すごさ」、深さを知るに至って、自分がＡＴＬに罹ったことが誇りとさえ感じられるようになった。ＨＴＬＶ－１感染者の中でＡＴＬが発症するのは五％、そのうち急性化するのは年間二％だから千人に一人である。その確率に当たったことをとんでもない不運とみるか、それとも「神様に選ばれた」とみるか。ＡＴＬを強敵とみておびえるか、戦いがいのある敵とみるか。強敵であるがゆえに、勝利の喜びは大きい。厳しい戦いをやり遂げたことが、誇りにつながっている。

明日への助走は続く

治療困難、致死性が高い、厄介な難病であるＡＴＬ。ウイルス起因のがんとしてほぼ初めて発見されたのがＡＴＬ。日本人研究者によって発見され、その成果がエイズ治療薬の開発につながった。そういった歴史を持つＡＴＬに罹ったのは、運命としか思えない。その運命と出会ったことで、人生観が変わったとは言えないが、世の中の景色が変わって見えるようになった。いままでより深く命について考え、生きている意味に思いをいたし、人生の意義を思う。自分

ジョギング（知事時代）

のことだけではなく、すべての人間のLIFEについて深く考えるようになった。
この本は、「私の行き当たりばったりの人生(LIFE)」と題した講演をもとにして書いたものである。その講演の冒頭に、竹内まりやの「人生の扉」を会場に流した。「どんな年齢になっても、日々を味わいながら、愛に満ちた人生にしていきたい」という思いをこめた歌詞が感動的である。この歌の中で、私が一番心に沁みたのは、最後のフレーズ。"♪And they say that life has no meaning♪"(みんなは、人生なんて何の意味もないと言う)を受けている。前行の"♪But I still believe it's worth living♪"である。

lifeは、ここでは、「人生」という意味で使われているが、lifeには命、生活という意味もある。四〇年以上前、厚生省の新任研修で訪れた施設で、生まれて初めて重症心身障害児に遭遇して、「この子たちにとって、生きている意味とは何だろうか」ということで、私の障害福祉との関わりが始まった。

どんなに重い障害を持っていても、生きている意味はある。昨日できなかったことが、今日できるようになる。明日は、もっとできるようになるだろう。重度の障害者が生きていることそのものが、可能性の哲学の実践である。重い障害を持ちながらも、生き生きとした生活を送っていることだけで、周りの人たちを元気づける。勇気を与える。

高齢になっても、重篤な病気を発症しても、盲ろうになっても、重い障害があっても、人生は続く。毎日生きている意味はある。そのことを、ATLという病を得て、改めて確認した。病気になった甲斐があった。運命と寄り添って、折り合いをつけながら、残りの人生を歩いていきたい。

入院中の運動不足から、体力が十分でない。筋力が弱っている。リハビリは、「千里の道も散歩から」ということで、散歩から始めた。筋肉が戻ってきたら、ジョギングに移行したい。次には、ランニングも始めるし、レースにも参加したい。東京マラソンには、一〇㎞の移植者枠がある。フルマラソンまでは無理だろうなと思いながらも、見果てぬ夢である。大病になっても、六四歳を越えても、明日への助走は続く。

関連情報

ATL ネット
yumenet@asanoshiro. org

NPO 法人
「日本から HTLV ウイルスをなくす会」
通称スマイルリボン
全国 HAM 患者友の会「アトムの会」
代表　菅付加代子
TEL 099-800-3112
FAX 099-218-4871
メール　nakusukai@po. minc. ne. jp
http://www. minc. ne. jp/
~nakusukai/index. html

財団法人骨髄移植推進財団
東京都千代田区神田錦町 3-19
廣瀬第 2 ビル 7F
03(5280)8111

浅野史郎

1948年生まれ．宮城県仙台市出身．1970年，東京大学法学部卒業後，厚生省入省．社会局老人福祉課長補佐，在米日本大使館一等書記官，年金局企画課長補佐を経て，北海道庁福祉課長．厚生省児童家庭局障害福祉課長，生活衛生局企画課長などを歴任して23年7カ月務めた厚生省を退職．1993年宮城県知事選挙に出馬，当選．2005年11月に任期終了にて勇退するまで，3期12年間，宮城県知事を務める．2006年4月より2013年3月まで慶應義塾大学総合政策学部教授．2013年4月より神奈川大学特別招聘教授．著書に『豊かな福祉社会への助走』(パート1・2，ぶどう社)，『誰のための福祉か――走りながら考えた』(岩波同時代ライブラリー)，『疾走12年 アサノ知事の改革白書』(岩波書店)などがある．

運命を生きる
――闘病が開けた人生の扉

岩波ブックレット 835

2012年5月9日 第1刷発行
2014年7月25日 第2刷発行

著　者　浅野史郎《あさの しろう》

発行者　岡本 厚

発行所　株式会社 岩波書店
〒101-8002 東京都千代田区一ツ橋2-5-5
電話案内 03-5210-4000　販売部 03-5210-4111
ブックレット編集部 03-5210-4069
http://www.iwanami.co.jp/hensyu/booklet/

印刷・製本　法令印刷　装丁　副田高行　表紙イラスト　藤原ヒロコ

ISBN 978-4-00-270835-5　Printed in Japan
日本音楽著作権協会(出)許諾第1204623-402号